因为一本书，爱上一座城……

《聊城，有水则灵》编委会

山东友谊出版社

liáo chéng　yǒu shuǐ zé líng

聊城，有水则灵

水润聊城，因水而生，
滋养江北水城。

文化聊城，因水而兴，
福泽运河古都。

来聊城，体验水城魅力。

《聊城，有水则灵》编委会

江北水城 运河古都

序言

PREFACE

水润聊城 因水而生

中共聊城市委常委、宣传部长 刘升勤

因为一本书，爱上一座城。

山不在高，有仙则名。

水不在深，有龙则灵。

一千多年前，唐代文学家刘禹锡在《陋室铭》中写下了上面的话。孔子云:“智者乐山，仁者乐水”。“山水”二字，从古至今与人类契合，身化千万相，人们藉由山水寄情，山水纵情，山水忘情。

纵观世界历史，人类文明的产生无不与“水”密切相关。古巴比伦文明，诞生于底格里斯河和幼发拉底河；在尼罗河和古印度河的滋养下，古埃及文明和古印度文明逐渐形成；黄河和长江，中华民族的母亲河，孕育出光辉灿烂的华夏文明，生生不息，永葆生机。

从古至今，大川大河奔流不息，所经之处，就有人类文明薪火相传。水不仅孕育了人类文明，也造就了现代化的城市。可以说，哪里山水佳，哪里就富庶祥和。

聊城以“江北水城 · 运河古都”而著称，自然与水密不可分，水给聊城带来灵气。聊城境内水系众多，流域面积在 30 平方公里以上的河流就有 23 条，黄河在东部奔腾咆哮百余里；京杭大运河从中部蜿蜒曲折过市区；卫河从西部携水弄潮冀鲁豫；还有马颊河、徒骇河等纵横交错。我国北方最大的城市湖泊——东昌湖，面积达 6.3 平方公里，环抱着一座 1 平方公里、方方正正的宋代古城。正所谓城中有水，水中有城，城水一体，交相辉映。

聊城是黄河文明与运河文明共同孕育的一座古城，景阳冈龙山文化遗址、三国曹植墓、明代光岳楼、清代山陕会馆等国家级重点文物保护单位达 13 处。明清时期是运河沿岸最大的商埠之一，凭借漕运之利繁荣 400 多年，被誉为“漕挽之咽喉，天都之肘腋”“江北一都会”，《水浒传》《金瓶梅》《聊斋志异》《老残游记》等古典名著中描述的许多故事就发生在这里。

这里还诞生过为数众多的名人先贤。战国时期的军事家孙膑、唐初名相马周、哲学家吕才、宋代医学家成无己、明代文学家谢榛、清代开国状元傅以渐、“义学正”武训、抗日名将张自忠、国画大师李苦禅、领导干部的楷模孔繁森、国学泰斗季羡林等，都是聊城人。

先人前辈为聊城积累了大量物质和非物质文化遗产。近年来，聊城经济社会发展步伐不断加快，勤劳智慧的聊城人民让这座城市更加具有活力和魅力，越来越多的人来这里旅游、工作乃至定居。这座古老又年轻的城市，期待向更多的人展示自己，让八方来客了解自己。

《聊城，有水则灵》就是在这样的背景下应运而生。这本书虽篇幅短小，却丰硕饱满。这本书是属于文人墨客的，他们的文字当中自有其魅力；也是普通百姓的，一切以实用为尚，不做无谓之事。这本书通过文字和图片，将聊城的某一种姿态，某一个瞬间，凝固下来，形成另外一种存在和延续。不管经过了多长的时间，不管相距了多远的空间，不管何时何地，当你遇到这本书的时候，可以和这座城市彼此息息相通，无有阻隔。

读这本书，你既可以与历史对话，也可以与现实同在，一城一池一草一木的前世今生，浓缩在字里行间，等待你去发现。这座城历经朝代更迭、时代变迁，别去历史的烟云，留下不可磨灭的文化记忆。这许多的发展史和文明史，以超简式的书写，呈现为《聊城，有水则灵》。

打开此书，当地人可以遇见自己流落在东昌湖畔的童年往事和青葱岁月；外来者或许会在亚洲最大的摩天轮上，找到属于你的“好望角”；在光岳楼上凭栏伫立，可以览尽水城芳华；在海源阁，可以登楼访书望天涯；你若无肉不欢，可以约一下临清八大碗；或者，到阳谷县一探英雄武松如何把美名传。最有象征意义的，莫如回到大运河畔，七级古船闸带着历史的厚重扑面，盈眼是古今碰撞擦出的火花。如斯种种，感荡心灵，对于一辈辈聊城人，弦动共鸣自是萦回不尽，对于初次到访者，流连忘返自是回味无穷。

然而，《聊城，有水则灵》不止于一部怀旧旅游指南，更寄心于明朝晚期的《帝京景物略》。你可以将其当作旅游者指南，它提供了衣食住行、娱乐休闲、美食特产的最佳去处；你也可以将其当作历史地理类书籍，它详细记载了聊城的寺庙祠堂、山川风物、名胜古迹、园林景观；你还可以将其当作文化类书籍，它对聊城的风俗民情、文化遗产、名人轶事等，都有较为具体的描述。总之，我们将一座城市从过去到现在，由时间到空间一一解读，再现了一个充满韵味的聊城，形成了这本“聊城景物略”。

母亲河奔流不息，承载着聊城的沧桑，也展现着它的活力。世代枕水而居的聊城人，在东昌湖的波光里，传承发扬着勤劳、质朴的品格。悠然流过千载的大运河及其灿烂文明，不只是留存于博物馆、历史遗迹和人们的记忆中，而将更加朝气蓬勃地“活”在当下，为经济社会发展注入新能量。所有这些，都是这座城里的“仙”，水里的“龙”。

水润聊城，因水而生。

文韵聊城，因水而兴。

聊城，有水则灵。

治大国，若烹小鲜，以道莅天下，其鬼不神。非其鬼不神，其神不伤人。非其神不伤人，圣人亦不伤人。夫两不相伤，故德交归焉。

——《老子·道德经》

【伊尹】

【曹植】

其形也，翩若惊鸿，
婉若游龙。
荣曜秋菊，华茂春松。
仿佛兮若轻云之蔽月，
飘摇兮若流风之回雪。
远而望之，
皎若太阳升朝霞；
迫而察之，
灼若芙蕖出渌波。
——《洛神赋》

刘鹗

我们这东昌府，文风最著名的。所管十县地方，俗名叫做『十美图』，无一县不是家家富足，户户弦歌。所有这十县用的书，皆是向小号来贩。

——《老残游记》

【蒲松龄】

东昌卞氏，业牛医者，有女小字胭脂，才姿惠丽。父宝爱之，欲占凤于清门，而世族鄙其寒贱，不屑缔盟，以故及笄未字。

——《聊斋志异》

在诗情画意中享受生活

✎张维芳

当年，在古运河畔
流传着这样一首脍炙人口的民间歌谣

上有天堂
下有苏杭
过了济宁
便是东昌

这首歌谣
生动地反映了我们古老的东昌——今日的聊城
这座具有历史文化名城称号的城市
曾在明清时期
藉京杭大运河漕运之利
繁荣昌盛400余载
被誉为“江北一都会”的真实情景

而今，在我们这里
又诞生了一首具有划时代意义的新歌谣

上有天庭
下有水城
如诗如画
人间仙境

这首崭新的歌谣
艺术地表达了
今天的江北水城——聊城
现代化城市发展进程的新风新貌
描绘了水城的经济与社会文明进步的
时代特征
道出了水城人一心一意
向上向美向善向爱的人生真谛
和思想境界的诗意升华
赞颂了栖居在诗情画意中的水城人
用自己的心血汗水与智慧
把家乡设计和打造得
如此卓越秀美的伟业丰功

目录
CONTENT

劉鄧大軍强渡黄河戰役
紀念館
地級重点文物保护单位
聊古庙遺址
聊城地区革命委員会
一九七八年七月三日公布
聊城县革命委員会立

壹

运河古岸 水波潋滟一座城

这座江北水城，
亦是运河古都。
它以『文』为魂，
以『水』为韵，
向人们讲述着城里的
史前故事、运河故事、红色故事……

“聊古庙”！2500 年前的聊城在这里

周玉森

在全国数百个地级市中，聊城的名字可谓“别具一格”。主要就是这个“聊”字，让人称奇。其实聊城这一地名已有 2500 余年的历史，为何以“聊”为此地之名？这在历史上也曾是个未解之谜。

据考证，聊城的“聊”最早出现在《左传》：“聊、摄二城，齐之西鄙也。”最早城址在今聊城城西北十五里闫寺村东南七里处聊古庙村，建于约公元前 522 年以前。史料记载，现在的聊城城址是经过了四次迁移才定位的。

春秋战国时期，聊城一带是齐国西部边境要塞，为兵家必争之地，齐燕两国为争夺该地曾多次交战，“鲁仲连射书救聊城”的故事就发生在这里。秦朝统一后，设置聊城县，治所就坐落在聊古庙，一直到晋代没有改变。499 年，聊城县城才迁往王城。聊城古城址在聊古庙存续的时间有一千余年。

时间虽然相隔了 2500 多年，但春秋时期的聊城，城建格局与现在的古城十分相似。对此，《水经注》曾有过记载：“漯水又北，经聊城县故城西。城内有金城，周匝有水，南门有驰道，绝水南出，自外泛舟而行矣。

东门侧有层台，秀出云表。”

《史记》中关于聊城的记载则更多，如《史记·鲁仲连邹阳列传》中关于鲁仲连射书救聊城的经过，写得非常详实和精彩。《史记·高祖本记》中还有“张春渡河击聊城”之语，以后的志书不再一一列举，总之，“聊城最早见于文献记载是以“城邑”出现的，一直延用至今。故聊城名字的由来，由春秋时期出现在这片大地上的古城——“聊”邑而得名，这是最符合历史真实，也是最科学的。

那聊城旧城址为何后来叫了“聊古庙”呢？据《聊城县志》记载：“聊城为高阳氏（即黄帝之孙颛顼）莅临之地。”相传这里有颛顼的坟墓，当地人为了怀念他，给他修了衣冠冢，冢旁盖了庙。庙在墓的前面，山门巍峨，翠柏浓蔽。清康熙年间，聊城状元邓钟岳到此，书写“聊古庙”匾额一方，悬于庙门。以后“聊古庙”的名称就沿袭到现在。

如今来到聊古庙遗址，幸运的话还能在地表寻到散布着的上古陶片。行家们说，从这些陶片可以识辨的器形看，有龙山文化时期的罐、杯、南瓦、豆、盆，殷代的

鬲，周代的绳纹筒瓦等。一座新建的石亭，亭子下面就是圣水井，井后是颛顼墓。

当然，关于聊城的名称由来，当地也有其他两种说法，一说是因古有聊河而得名，另一说因春秋时期曾称聊国，故名。而这些说法，尚未得到史料考证。

Tips

鲁仲连

又名鲁连，尊称“鲁仲连子”或“鲁连子”，战国末期齐国人。其生卒年不详，据推算约为公元前300—前250年。他没有为官，但却以善辩和谋略出名，他一生保持高风亮节，最后归隐于东海。

以“文”为魂 以“水”为韵

黄永峰

有人的地方就有江湖，有水的地方就有灵气。

在聊城，中华水上古城立在东昌湖中，新城又围湖而建，“城中有水，水中有城。城湖一体，交相辉映”。

古城历史近千年，它方方正正、状若棋盘，漂浮于湖水之上，古朴典雅；倒映于碧波之中，美轮美奂。城是凝固的画，水是流动的诗。古城以文为魂，以水为韵，文有水，文更厚；水有文，水更美。

进入古城，捡一块瓦片就是文化，抓一把泥土就有历史。

“虽黄鹤、岳阳亦当望拜”之光岳楼，屹立于古城中心，诉说着它 640 余年的历史：陈镛筑楼，鲁班显圣，康乾登临，抵御倭寇……“晚清四大私人藏书楼”之一的海源阁，藏书宏富，版本精善，文物丰富，海内闻名。明清圣旨博物馆，馆藏圣旨众多，更有科举小抄让人忍俊不禁。国学圣殿——七贤祠，祠内供奉的七贤德才兼备、为官清正、安贫乐道、提携后进，为当世精神高标。

聊城七贤

聊城七先贤，儒学心学传。

品行播四海，入世天下安。

古城，是名副其实的“微型博物馆之都”，博物馆星罗棋布。

漫步于乡村记忆博物馆，童年往事，历历在目。

往事不可追，可追在记忆乡村；

童年事难忆，可忆在乡村记忆。

置身于老照片博物馆，品味历史，颇多感慨。进入契约博物馆，感受浓浓的契约精神。驻足于范筑先纪念馆，“民族英雄范筑先殉国处”几个大字映入眼帘，顿觉英雄精神的崇高与伟大，顽强与不屈。

范筑先

铁血将军魂，一代英雄魄。

夺魁今何在？精神永留存。

古城又是“故事之城”。《聊斋志异》中的《胭脂》、《水浒传》中宋江攻打东昌府、《老残游记》中老残寻书东昌府等名著故事取材于此。沿街小品，更如珍珠撒落古城：糖葫芦，民俗味浓；关羽像，威风凛凛；山东快书，韵在其中；剃头挑子，僧前道后；仙人承露，警示后人；吊关庙、狮子头上一

座庙，妙趣横生。

古典园林，美不胜收；良辰美景，汇聚古城。凤嗉园梧桐细雨；依绿园“绿云春曙”；绮园一园竹树；小西湖堪比西子……登高西楼，一睹胭脂湖；世纪大桥，横跨湖面；游船划行，碧波荡漾；老翁独钓，怡然自得；更有剧场静卧，百鸟齐飞。不觉赞叹，“放棹只疑天上坐，凭栏真个画中游。”

这里的城，方正，人亦方正；这里的水，上善，人亦如水。这座古城已经沉睡了千年，沉睡千年，只等你的到来。

城中有水 水中有城

张敏敏

没到过聊城之前，就听人说，这里有“江北水城”的美誉。当时只是听听，并未当真，也搞不懂为何好好的一座北方城市，要去学南方叫“水城”。

到了聊城才发现，这座城市的魅力还真得用“水”这个字去概括，因为到处都是水。

翻了资料才知道，这里流域面积在30平方公里以上的河流有23条，其中100平方公里以上的有3条。黄河在东部奔腾咆哮百余里；京杭大

运河从中部蜿蜒曲折过市区；卫河从西部携水弄潮冀鲁豫；还有马颊河、徒骇河等纵横交错，东昌湖、鱼丘湖相互辉映。

仅聊城市区，湖、河水域面积就多达 13 平方公里，占城区面积的 1/3。就拿聊城人出门就能看到的东昌湖来说，水面总面积 6.3 平方公里，可与杭州的西湖相媲美，面积是济南大明湖的 5 倍。

众多的河流，美丽的湖泊，使聊城形成了“湖水相连，城湖相依，城在水中，水在城中，城中有湖，湖中有城，城河湖一体”的独特水城风貌。这不就是南方城市才有的城市风貌，这不就是一座“江北水城”吗?

水孕育了生命，也造就了文明。聊城的水韵和着古韵，共同构造了“江北水城”独具特色的文化魅力。

聊城作为国家历史文化名城，黄河文化和运河文化在此交汇，人文资源独具特色，保留下来的文物古迹有 400 多处。景阳冈龙山文化遗址、三国时期的曹植墓、明代的光岳楼、清代的山陕会馆等都是国家级文物保护单位。

也因为有京杭大运河，明清时期，聊城运河漕运发达，经济昌盛，文化繁荣，“舟楫如云，帆樯蔽日”，被誉为“漕

挽之咽喉，天都之肘腋”“江北一都会”。

优秀的人文环境造就了一代又一代名人志士，战国时期的军事家孙膑、唐初名相马周、哲学家吕才、宋代医学家成无己、明代文学家谢榛、清代开国状元傅以渐、“义学正”武训、抗日名将张自忠、国画大师李苦禅、干部楷模孔繁森、国学泰斗季羡林等，都是聊城人。

如今，聊城在城市建设与发展中着重突出“水城”特色，规划将城区内的东昌湖、古运河、徒骇河等水系连通，确定统一的水位标高，进行两岸绿化，强化其“城中有水，水中有城，城河湖一体”的独特城市布局，力求乘船可以游览整个城市，看到岸边杨柳依依，营造“船在水上行，人在画中游”的美好意境。

聊城充分发挥水的优势塑造城市的个性，着力打造融南方水韵和北方风情于一体、自然景观与人文景观交相辉映、风格独特的全国优秀旅游城市。

来到聊城才真的相信，“江北水城”绝非浪得虚名，它在聊城人的精雕细刻中变得越来越靓丽。

革命老区一片红

胡林

山东革命老区中，除了广为人知的沂蒙老区外，聊城革命老区的历史地位也非常突出。在民政部 1953 年、1979 年、1995 年的三次统计中，聊城 8 县（市、区）全部列入革命老区名单。民政部公布的首批、第二批抗日英烈中，山东有 41 名英烈和 1 个英雄团体与聊城有关。

聊城的红色旅游资源非常丰富，革命战争时期的每一个历史阶段都有代表性的历史遗迹留存，因此，也成为山东省为数不多的全市“一片红”的革命老区。

中共九都杨党支部旧址。聊城是山东省较早传播马列主义和建立党组织的地区之一。1926 年，建立了鲁西北第一个基层党组织——中共阳谷县九都杨村党支部；1927 年，成立了鲁西中共第一个县委——东昌县委（又称鲁西县委）；1928 年，聊城党组织先后发动和领导了与湖南秋收暴动同期的阳谷县坡里暴动和高唐县谷官屯暴动。

聊城保卫战中范筑先指挥部旧址。抗日战争初期，聊城党组织与原国民党山东省第六区兼聊城保安司令范筑先精诚合作，共同抗战，创建了鲁西北抗日根据地，是国共合作抗日的典范，得到了毛泽东的充分肯定。电视剧《铁血将军》便是这段聊城军民同仇敌忾、抗击日寇光辉历史的生动还原。

范筑先纪念馆

电视剧《铁血将军》剧照

范筑先纪念馆碑廊

范筑先与徐向前在河北威县会见场景

中共中央冀鲁豫（平原）分局旧址。抗日战争中后期，聊城是冀鲁豫边区抗日根据地的中心区，边区党政军领导机关设在聊城观城县（现莘县）红庙村，被誉为“钢铁濮范观，边区小延安”。刘少奇、朱德曾经来这里视察和工作；许多党政军领导人，都曾长期在这片土地上工作、战斗和生活。

请
摸
第十专署 专员
第十一专署 专员
第十二专署 专员

刘邓大军强渡黄河战役纪念馆。解放战争时期，聊城是巩固的解放区，是支援前线的后方基地。据统计，当地共有17万翻身农民参军，出动支前民工200余万人次，参加20余次大的战斗。还有3000余名干部，北上南下，接管新区。1947年6月30日，刘邓大军12万余人在西起临濮集（濮县南）东至张秋镇（阳谷县）约150公里的地段上强渡黄河，千里跃进大别山，揭开了解放战争战略进攻的序幕。当时的刘邓大军指挥部就设在阳谷县寿张镇沙河崖村。

除了这些革命旧址外，当地还有坡里教堂（坡里暴动旧址）、六十二烈士墓、张自忠纪念馆、马本斋烈士陵园、鲁西北烈士陵园、孔繁森同志纪念馆等一大批反映爱国革命英雄和优秀党员事迹的革命教育基地。

如今，聊城的革命旧址得到了妥善的保护和开发，红色文化正成为“江北水城”的另一张城市名片。

Tips

中共九都杨党支部旧址

聊城市阳谷县郭屯镇九都杨村中心

范筑先纪念馆

聊城市东昌府区古楼北大街路东

中共冀鲁豫（平原）分局旧址

聊城市莘县大张家镇红庙村

刘邓大军强渡黄河战役纪念馆

聊城市阳谷县寿张镇沙河崖村

张自忠纪念馆

聊城市临清市温泉路

六十二烈士墓

聊城市冠县东古城镇后田庄村东南200米处

马本斋烈士陵园

聊城市莘县张鲁镇南1公里处

鲁西北革命烈士陵园

聊城市莘县大王寨乡丈八村

孔繁森同志纪念馆

聊城市东昌府区繁森路1号

酒

从《水浒传》到《聊斋志异》聊城画风太多变

张德善

在我这个外地人眼中，聊城这座城市是低调、内敛的，随处可见的水给这座城市增添了些灵性，水也感染了这座城市的气质，舒缓、安静。就算被评为国家历史文化名城，聊城好像也怕被质疑似的，随时随地冒出一处名胜古迹来佐证。

一次偶然的机会，听到聊城当地一位历史学家自豪地说："我们聊城文化底蕴深厚，就是一座浸泡在名著里的城市。"我才开始留意，《史记》《马可·波罗游记》《水浒传》《聊斋志异》……这些从小读的名著中，聊城的身影竟然随处可见，高调张扬且画风多变。

让我印象最深的是《水浒传》中"武松打虎"和"斗杀西门庆"的故事。书中，武大郎是聊城阳谷人，他的弟弟武松不仅有一把子打虎的力气，还有一股惩恶扬善的正气。武松在回阳谷看望哥哥的途中，在景阳冈连饮了十八碗酒，然后赤手空

拳打死了老虎，为民除害，后到官府做事，借宿在哥哥家里。后来因为嫂子潘金莲和西门庆合谋毒死了哥哥，武松便在狮子楼斗杀了西门庆。

《水浒传》中“三打祝家庄”“攻打东昌府”等很多故事都发生在聊城。在这本虚构的文学作品中，聊城硝烟弥漫，充满了刀光剑影，却也充满了英雄血性。而在《聊斋志异》里，聊城的画风却又变得充满市井风情，扑朔迷离却又温婉多情。

在聊城东昌湖畔长大的胭脂姑娘，对才华横溢的书生鄂秀才一见钟情，情愫在她心上生根发芽，甚至因思成疾。谁知，竟引出了许多的事端、官司。最终，在公正廉明的施学使的帮助下，真相大白，胭脂和鄂秀才有情人终成眷属。因着这个结局美好的爱情故事，东昌湖也有了一个浪漫的名字——胭脂湖。

文学名著中提到聊城的太多了，画风也太多变。有《史记》中鲁仲连射书救聊的射书台，有《马克·波罗游记》中喧闹繁华的大运河，有《金瓶梅》里潘金莲和西门庆初见的紫石街，还有《老残游记》中老残借书未果的海源阁。

有意思的是，即便名著中的很多故事是虚构的，在聊城也能找到故事中提到的地方。比如在阳谷，你可以找到景阳冈和狮子楼，去“三碗不过冈”的乡村酒舍去喝上几碗，再看看武松打虎的地方；还能找到王婆的茶馆，喝完茶然后去西门庆的家宅看看他妻妾们的住处。

贰

沿着古运河 寻前世今生

大运河就像一部百科全书，
它的文化内涵是丰富的，
深厚的，
也是生动的。
它给聊城带来四百余年的繁荣，
也给聊城留下了丰厚的文化遗产……

聊城古城地图

聊城古城坐落在东昌湖中间，
呈正方形，
状若棋盘，
以明代光岳楼为中心，
周围大街小巷经纬分明。
古城是名副其实的
"微型博物馆之都"，
博物馆星罗棋布，
成为聊城
灿烂文化的集中展示地。

古城保护与建设博物馆
西风味小吃
胡同空间馆
城隍庙
相府
鲁菜文化博物馆
非物质文化遗产园
婚俗文化博物馆
契约文化博物馆
文化休闲馆
光岳楼
范筑先纪念馆
卫仓
牌坊
状元府
清军厅
影像资料馆
圣旨博物馆
阁
启文书院
民间技艺展示馆
时代印象馆
中国阿胶博物馆
景阳冈酒道馆
典当文化馆
金丝楠木博物馆
民间收藏馆

南有杭州西子美 北有聊城胭脂香

✎ 刘锐

到聊城，不得不说的就是东昌湖。

这座开挖于宋代的人工湖，经历代开扩，如今的面积与杭州西湖相当。

南有杭州西子美，北有聊城胭脂香。东昌湖又名“胭脂湖”，名字源自《聊斋志异》中《胭脂》的故事。

胭脂的爱情故事，在她当年以湖水为镜、对湖梳妆的东昌湖畔流传着，也使东昌湖与杭州西子湖、南京莫愁湖并称为“三大美人湖”。

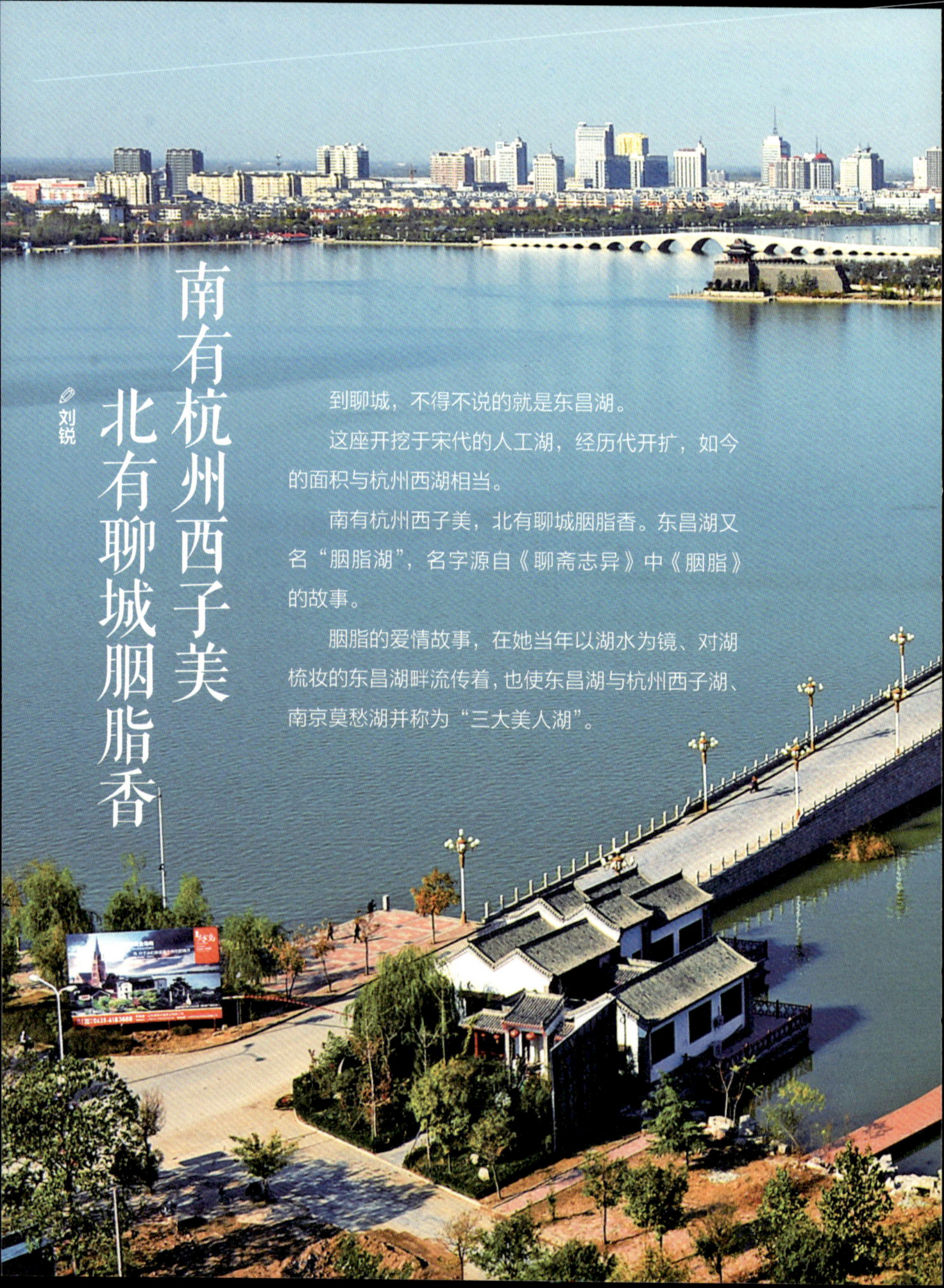

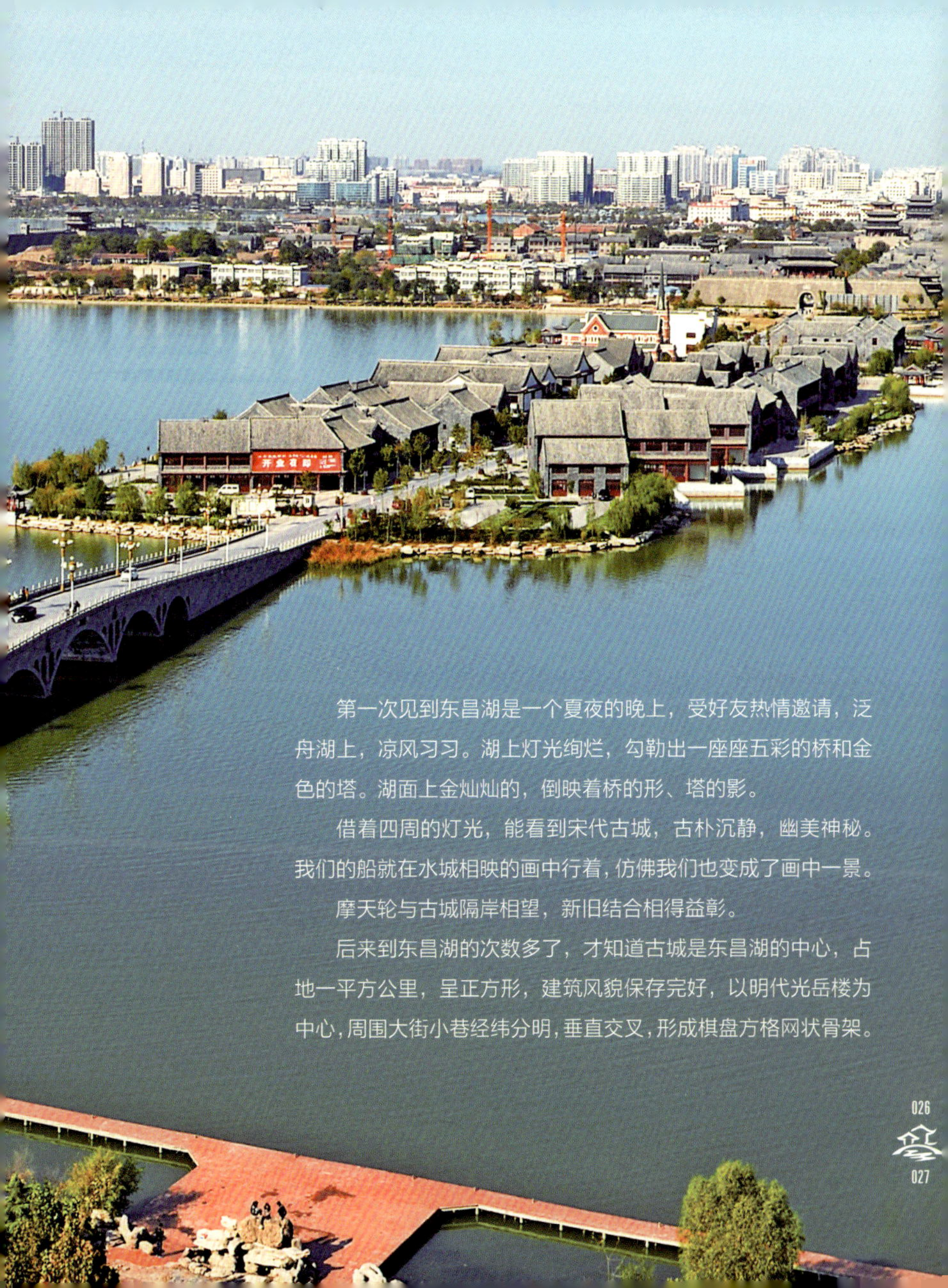

第一次见到东昌湖是一个夏夜的晚上，受好友热情邀请，泛舟湖上，凉风习习。湖上灯光绚烂，勾勒出一座座五彩的桥和金色的塔。湖面上金灿灿的，倒映着桥的形、塔的影。

借着四周的灯光，能看到宋代古城，古朴沉静，幽美神秘。我们的船就在水城相映的画中行着，仿佛我们也变成了画中一景。

摩天轮与古城隔岸相望，新旧结合相得益彰。

后来到东昌湖的次数多了，才知道古城是东昌湖的中心，占地一平方公里，呈正方形，建筑风貌保存完好，以明代光岳楼为中心，周围大街小巷经纬分明，垂直交叉，形成棋盘方格网状骨架。

古老的京杭大运河自南向北绕湖而过，犹如玉带缠身。湖滨公园就像一条贯穿南北的绿色飘带，镶嵌在东昌湖西部沿岸。光岳楼、铁塔、山陕会馆、傅斯年陈列馆、孔繁森同志纪念馆等闻名海内外的文物景点，似颗颗明珠闪烁在城中湖畔。

白天的东昌湖视野更开阔一些，能看到湖的四周绿树环绕，小桥、亭台、石板路、绿地错落有致，形成一幅水墨画卷，又在清澈透明的湖水中形成美丽的倒影。水面在微风吹动下，泛起层层涟漪，顺着阳光看去，湖面流光溢彩。

东昌湖北岸的水晶走廊、喷泉和观望塔依次排开，人在水晶走廊里面说话，会传出长长的回音。

聊城人告诉我，东昌湖被城市道路分割成八个湖，为强化地域可视性，借鉴杭州西湖湖区命名经验，聊城根据历史文化、文人典故、湖区自然风貌等给八个湖分别起了名字，如演武湖、明珠湖、铃铛湖、荷香湖等。几个湖大小不一，美得各不相同。

若真要选，我更喜欢夜里的东昌湖，岸边林立的高楼都隐身在黑夜里，仿佛从来不曾有过，也没有汽车鸣笛的喧嚣。有的只是一湖水和一座古城，看不出是何年何月。在一片金灿灿的灯光里，舟行碧波上，人在画中游。

光岳楼：黄鹤、岳阳亦当望拜

陈兴 文　徐建彬 摄

如今，很多地方都把钢筋水泥的摩天大楼或造型奇特的现代雕塑作为城市地标，但在聊城，江北水城的地标却是一座木结构的古楼。

光岳楼，始建于明洪武七年（1374 年），屹立于聊城东昌府区古城中央，与铁塔、玉皇皋一起被聊城人亲切地称为“东昌府三宝”。

说光岳楼是聊城的地标，不单因其位置的优势，更因为它是目前我国现存最高大、最古老的古楼阁之一，其建筑技术堪称我国古代木结构建筑的登峰造极之作。

史料记载，该楼由当时的东昌卫守御指挥佥事陈镛出于“严更漏而窥敌望远”的军事需要，用修城所剩的木料建成，故明代人们称它为“余木楼”。又因此楼有鼓声报时的功能，人们也称之为“鼓楼”。

令人称奇的是，气势磅礴、巍峨雄伟的光岳楼其四层主楼竟没有用一颗铁钉，全部为木结构。更让人惊叹的是，六百多年间，虽经数次地震，却未遭任何损坏，也没有经历大的火灾，堪称奇

迹！这种奇迹的创造，除了聊城人民的精心呵护外，也得益于它巧夺天工的建筑构造。故光岳楼也享有“虽黄鹤、岳阳亦当望拜”之誉。与现存的文物建筑北京的鼓楼、西安的钟楼相比较，无论从其建造时间，还是就其规模、形制、建筑结构来看，都有过之而无不及。

光岳楼巧夺天工、碧水围绕。明清两代，从京杭大运河过往的帝王将相、文人学士多都登临此楼，凭栏咏月，作诗赋词。仅《东昌府志》《聊城县志》及现存碑刻中就记载了120篇咏赞光岳楼的诗文。清康熙皇帝四次登楼，并题写“神光锺瑛”匾；乾隆皇帝九过东昌，六登光岳楼，并题匾赋诗，将光岳楼列为南巡三十六行宫之一，正门匾“光嶽楼”三字便是乾隆所题。

游览东昌府古城你会发现，光岳楼绝对是“古城第一高”。原来，为了突出光岳楼在聊城古城的中心地位，当地对古城内的建筑高度进行了严格限制。

登楼远眺，古城风光尽收眼底，古运河、东昌湖，碧波凝翠，似两条玉带，环绕在古城四周，也为庄严的光岳楼增添了一份秀气。山陕会馆、聊城铁塔、海源阁等名胜古迹散布四周，与光岳楼相互映衬，为这个现代化城市带来了一丝古老的气息。再放眼环顾，新城环绕古城而建，街道纵横交错，房屋鳞次栉比，高楼大厦点缀其间，处处流露着繁荣与和谐。

光嶽樓
神光鍾暎
宇宙文衡
文明

这位最老『居民』还有很多未解之谜

杜典　徐建彬

一座城成就了一座塔，一座塔守护着一座城。在江北水城，“城与塔”“塔与城”永远有着说不清道不明的关系，而这一切还得从一座寺庙说起。

在很久以前，东昌府内人来人往，车水马龙。北宋年间的一天，护国隆兴寺在一队建筑工匠的努力下诞生了。香火最鼎盛的时候，是在明朝洪武年间，为朱元璋八大护国视圣道场之一，曾占地百余亩，因此也有了“江北古刹”“水城佛国”的美誉。

物换星移，沧海桑田。在漫长的历史变迁中，隆兴寺迭经废兴、日渐衰败，清末尚存遗迹。后来，古刹的最后一抹残遗也消失殆尽。唯有 12 层铁塔风尘满面，高标如初，俯瞰世事变迁，陪古城一起慢慢变老。

对聊城而言，铁塔是最古老的建筑，也是最年长的“居民”。或许，很多聊城人对这座古塔的了解，仅为这句民谣：“东昌府有三宝：铁塔、古楼、玉皇皋。”其实，它就像一位风尘满面的千年老寿星，有着满腹的传奇和故事。

时光回到东汉，那时佛教始传入中国，窣堵波与中国本土的楼阁相结合，形成了中国式的楼阁塔。作为护国隆兴寺的标志性建筑，隆兴寺铁塔也不例外，成了中国为数极少的仿木楼阁式铁铸佛塔，与湖北当阳玉泉寺铁塔、济宁隆兴寺铁塔并称

中国三大铁塔。

然而，无论是塔还是城，存在的时间越久，经历的磨难就越多。聊城人只知道铁塔古老，却不知道它从何时建又为谁而建。

清代《嘉庆东昌府志》记载：隆兴寺旧址在城东门外有铁塔。地宫出土的阳刻铭文上写着：古有铁塔在东关街北，永乐年倒……至成化二年三月初六重立铁塔记。目前，铁塔建造于北宋，是业界一致的看法。照这样算来，古塔已达“千岁”。很难想象，千年间，铁塔到底经历了多少磨难。

据史料记载，其间数百年，铁塔一度是处于断毁状态的，塔身的一部分甚至是散落而埋于地下的。1973 年对铁塔进行维修时，铁塔只残存了底部的 5 层，经过一番考古发掘后，另外的 7 层塔身才被找到。

世界上的佛塔层数均为单数，在饱尝千年风霜后，原本 13 层的铁塔也被岁月无情地抹去了一层塔身。

古塔的另外一层塔身，去哪儿了？至今无人能答。或许，那遗失的第 9 层塔身，就跟铁塔遭受的劫难一样，消散在历史烟尘中，不为后人所知。

现在的铁塔，依然与古城相连，东临古运河，哪怕已经历经千年、风尘满面，它总会顽强地矗立在那个最显眼的位置，像一盏灯一样照亮着这座城，守候着来古城探秘的人们。

这艘“古船”里藏着大运河的前世今生

雪碧

第一次知道京杭大运河，是在历史课本上。那时候习惯把历朝历代的皇帝简单做一个好坏之分，隋炀帝肯定是在坏皇帝之列，他荒淫无度、好大喜功，带给百姓无休止的徭役和兵役，最终引发了暴乱。

当时的历史课本上，用很大的章节细数了隋炀帝为修建京杭大运河给百姓带来的苦难，而他修建大运河却是为了方便自己游玩，也方便把江南的美女送到自己身边。

其实，作为中国古代三项伟大工程之一，京杭大运河并不只是方便了暴君游乐，它的开凿对中国南北地区之间的经济、文化发展与交流，特别是对沿线地区工农业经济的发展起了巨大作用。

功过是非由后人评说，每个朝代的历史都是由下一个朝代去编写的，所以历史很少为历朝历代的末代皇帝歌功颂德。我们只记住了京杭大运河修成后，隋炀帝年年出巡，曾三游扬州、两巡塞北、一游河右、三至涿郡，还在长安、洛阳间频繁往还，每次出游必定大造离宫，加重徭役。

总觉得京杭大运河存在于历史中，却没想到有一天能站在岸边看它，如果愿意我甚至能捧到运河里的水。那时候我站在聊城山陕会馆前，旁边就是京杭大运河，一时间如大梦初醒，这条运河就从隋朝流淌到了我前面，我仿佛看到隋炀帝南下游玩时乘坐的豪华龙舟，听到丝竹管弦之声和宫娥的笑声。

如今的京杭大运河最终形成于元朝定都北京后，为了使南北相连，不再绕道洛阳，元朝花了10年时间，先后开挖了“洛州河”和“会通河”，

把天津至江苏清江之间的天然河道和湖泊连接起来，清江以南接邗沟和江南运河，直达杭州。大运河就是在这个时候流经了聊城。

京杭大运河成就了聊城，运河的贯通为聊城带来了数百年经济和文化的繁荣。明清之际的聊城，被誉为“漕挽之咽喉，天都之肘腋”，是当时运河九大商埠之一，物阜民丰，人才辈出。聊城也成为清朝皇帝沿着运河下江南的必经之地，当地至今还流传着很多关于康熙皇帝、乾隆皇帝的传说。

运河不仅带动了聊城经济的发展，还在这片沃土上积淀下丰厚的运河文化遗产。如今，京杭大运河聊城段上仍然保存着周店船闸、张秋上下闸（即荆门上下闸）、辛闸、梁乡闸、土闸、戴闸、临清二闸等船闸及其他大量的码头、桥梁等水利设施，较好地保持了“闸河”的原貌。运河旁的山陕会馆和钞关等，也在向人们讲述着聊城运河当年的繁华。

看到京杭大运河后，我有太多的疑问：为什么隋炀帝能想到修建如此宏伟的工程？京杭大运河经过了哪些历史变迁？运河边发生了哪些故事……幸运的是，聊城老城北侧有座中国运河文化博物馆，它的外观像一艘古船，从古代时光长河里顺流而下，航行到风光旖旎的江北水城，慷慨地等待后人来寻找自己想要的答案。

Tips

中国运河文化博物馆

中国运河文化博物馆在设计之初确定了“聊城”“运河”两个主题词，定位“运河推动历史，运河改变生活”。总建筑五层的博物馆（地上四层、地下一层）有十个展厅，一楼展厅布置了聊城水城水系电子互动沙盘、聊城城市形象展和4D影院，二楼三个展厅为“世界运河陈列”“中国运河陈列”和“聊城运河陈列”，三楼展厅为“聊城历史文物陈列”，从多个角度展示着运河、聊城的过去和现在。

山东省聊城市东昌府区东昌西路88号

0635-2111655

周二至周日开放，中午闭馆

凭个人有效身份证件免费领票参观

聊城有个仁义胡同
邻里谦让成百年佳话

郝圆 徐建彬

聊城东昌府区东关大街傅斯年陈列馆（傅氏祠堂）东邻，有一条青石铺的胡同，胡同南边有一块木质牌坊，上面写着“仁义胡同”四个大字。关于这个胡同的由来，流传着一个感人的故事。

讲故事前，得先介绍一下傅以渐这个人。傅以渐出生于聊城，是清朝的第一位状元，后来成为康熙皇帝的老师，教授康熙皇帝“四书”、“五经”、天文等中国传统文化和做人的道理，对康熙皇帝从政后的作为有着直接的影响。

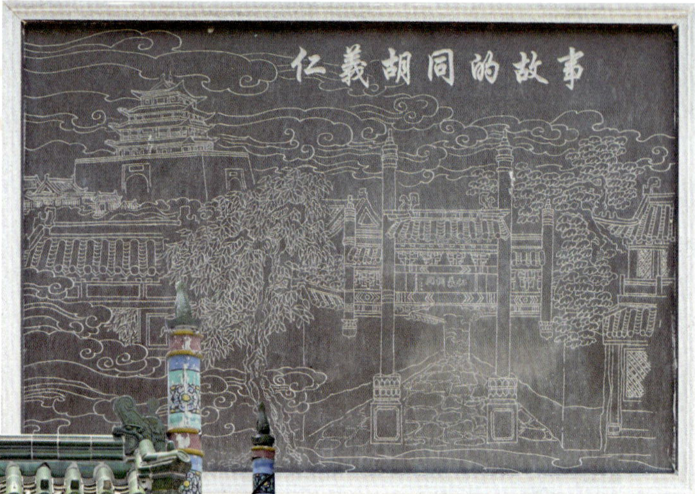

相传，清朝康熙年间，傅以渐在京城做官时，其在聊城的家人修建祠堂时与邻居发生了宅基纠纷，于是到了县衙，要求地方官处理纠纷。

地方官了解事情的经过后，对于如何判案非常为难，因为如果判傅家有理，会给当地的百姓造成一种傅家仗势欺人的感觉；如果判邻居有理，又怕得罪朝廷重臣傅以渐，所以地方官一时并没有判出结果。

傅家人急了，便写了一封信送到京城，希望傅以渐利用自己的威望，给地方官施加压力，

以便尽快解决此事。傅以渐看到来信，马上回信一封："千里来书只为墙，让他三尺又何妨？万里长城今犹在，不见当年秦始皇。"

傅以渐的家人看到回信后，觉得很惭愧，将祠堂的墙退后了三尺，并主动找邻居道歉。**邻居看到傅家如此仁义，十分感动，便也退让了三尺，于是便成就了傅氏祠堂东邻的这条六尺胡同，又名"六尺巷"。**

光阴荏苒，岁月流逝。**聊城虽然几经变迁，但"仁义胡同"依然保留着，"仁义胡同"的故事也代代相传，流芳于今，仁爱、礼义、友善、睦邻友好的精神也在聊城这块土地上世代相传。**

集会、联谊、祭神 山陕商贾来这里

文华丽

京杭大运河的漕运带来了古聊城的兴盛，商贾云集的运河码头两岸会馆林立。其中，最大最精美的当属山陕会馆。曾经红极一时的山陕客商在这里留下了他们的奋斗足迹和故事，它也成为清代聊城商业繁荣的缩影和见证。

山陕会馆位于运河西岸，东昌府古城内，始建于清乾隆八年（1743 年），是山西、陕西的

商人为“祀神明而联桑梓”集资兴建的，从开始到建成历时66年，耗银六万零四百六十五两六钱九分。会馆东西长77米，南北宽43米，占地面积3300多平方米。整个建筑包括山门、过楼、戏楼、左右夹楼、钟鼓二楼、南北看楼、关帝大殿、春秋阁等部分，共有亭台楼阁160多间，为全国重点文物保护单位。

山陕会馆整个建筑布局紧凑，错落有致，连接得体，装饰华丽，堪称中国古代建筑的杰作。走进会馆，庭院西侧的关帝殿位于整个会馆的中心，殿前檐下悬挂着“大义参天”的巨幅木匾，大殿石柱正面刻有歌颂关羽的楹联：“伟烈壮古今，浩气丹心，汉代一时真君子；至诚参天地，英文雄武，晋国千秋大丈夫”。复殿中供有关圣帝君、关平和周仓3尊雕像。关圣帝君神像高3米，身穿刺绣滚龙袍，鎏金冠旒，威丽端正，俨然帝王形象。

庭院南北两侧是看楼，平时商人都在两侧的看楼看戏，院子中间则空着一大片空地。据介绍，山陕商人对关帝非常敬重，中间的位置要留给关帝看戏的，不能挡住关老爷的视线。

庭院内有两棵古槐，据介绍这两棵树的树龄已有 560 年，而山陕会馆只有 270 年历史，所以是“先有古槐，后有会馆”。槐树古时被誉为富贵树，所以商人们当年以两棵古槐中间定线建馆。因此，会馆的方位非常特殊，坐西朝东。东方代表紫气东来，会馆大门正对运河水，水则生财，预示着财源滚滚而来。

会馆内多处建筑体现山陕商客经商理念。商人讲求条理和高效率。会馆后面的楼门和楼梯非常窄，只容得一人通过。晋商勤俭节省，从不把楼梯修得十分宽敞，以省出更多的面积用于居住。

楼梯很窄，所以右侧门上写着“登阶”,左侧门上写着“楼步”,无论上楼下楼，大家都遵循靠右行走的礼仪,上楼时从“登阶”上去,下楼时从“楼步”出来。讲礼仪、守秩序,这样才能减少内耗,效率才会更高。

除此之外，会馆内还建有 16 通碑碣。碑文详细记载了山陕会馆历次维修建设和花费情况，碑阴还刻有各商号名称及其捐银数量，共 2888 家商号，最多的捐了 1373 两，最少的只捐了一文钱。一文钱也是心意，都是功德，一视同仁，全都刻在碑上。

萦绕百年的那缕书香

朴雪

徐建彬

清光绪十七年（1891年），一个雨雪霏霏的日子，刘鹗专程来到聊城东昌府，意欲借阅杨氏“海源阁”私家藏书，却被拒之门外。他有感而发，将此作为《老残游记》的一段素材：老残至东昌观书未果，即于客舍壁上愤然题诗曰：“沧苇遵王士礼居，艺芸精舍四家书。一齐归入东昌府，深锁嫏嬛饱蠹鱼”。

这座令刘鹗怅然的海源阁，就是我国历史上著名的私人藏书楼之一，为清道光二十年（1840年）藏书家杨以增所建，总计藏书22万卷。阁主杨以增取其阁名为“海源”，“先大夫欲立家庙未果，

今于寝东先建此阁，以承祀事。取《学记》‘先河后海’语，颜曰‘海源’”；“盖寓追远之思，亦仿鄞范氏之以‘天一’名阁云”。

海源阁位于古城西南角的杨氏宅院内，古朴、典雅，坐北朝南，中式 2 层楼 5 开间，楼前左右两侧各有一个长廊式的晒书亭。百余年中，众多宋元珍本徜徉在此。它与江苏常熟瞿绍基的“铁琴铜剑楼”，浙江吴兴县陆心源的“皕宋楼”，浙江杭州丁申、丁丙的“八千卷楼”合称清代四大藏书楼。

清道光年间，中国一直处于内忧外患之中，南方多战乱兵燹，

私人藏书时有散出。此时，杨以增已是江南河道总督，他便借助这一便利条件，收藏了诸多宋元珍本，并把包括黄丕烈士礼居、汪士钟艺芸精舍在内的藏书购得，用粮船沿大运河运往海源阁。

不息的运河水，就像浩瀚的知识一样，见证了杨以增多年的心血。从此，历史上藏书南强北弱的局面得以改变。虽然藏书众多，但杨以增爱书如命，一般人是看不到他收藏的书籍的，只有杨以增的好朋友和与之同朝为官的人，才能一睹其芳容。

然而，海源阁的命运并不是一帆风顺的，到了 20 世纪 30 年代后，海源阁屡受战乱之苦，楼舍被毁，珍藏书籍成了土匪点火做饭的燃料、睡觉的枕头。当时的报纸称："杨宅已不见一人，院内室外，书籍满地，尽为大雨淋烂。"

此后，杨家人深感在海源阁私人藏书风险太大，当即将剩余的藏书运往济南。现在，这些珍贵藏书分别收藏于北京图书馆和山东图书馆。如今的海源阁成为了“私塾”，是聊城市用来推广、普及国学教育的场所。海源阁旁建起的海源阁图书馆是聊城一所市级公共图书馆。

Tips

海源阁

山东聊城光岳楼南万寿观街路北杨氏宅院内。

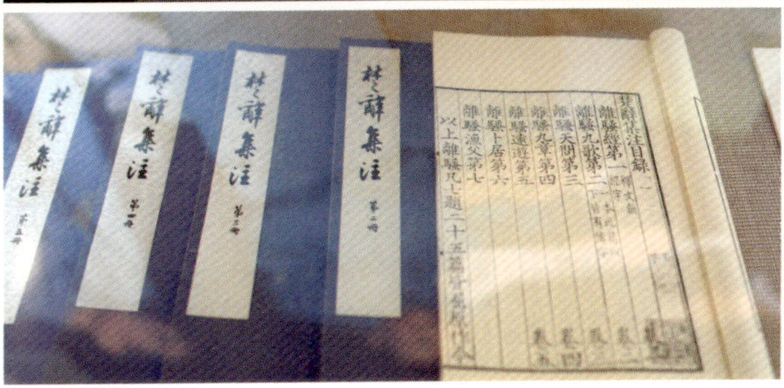

聖旨到！

✎ 郑蜜　📷 徐建彬

对“圣旨”的印象，人们还一直停留在古装剧中，剧中的版本大多雷同。“圣旨到……”随着一声长喝，手拿圣旨的公公或者钦差大臣便字正腔圆地念道：“奉天承运，皇帝诏曰……钦此！”接旨的官员无论是被加官晋爵还是被革职查办，都会磕头回应“谢主隆恩！臣接旨！”

历史上真的是这样吗？我怀着极大的好奇，走进了古城里的明清圣旨博物馆。这家圣旨博物馆虽然门面不大，但却精巧别致。小小的进口，却能带你通往一个有趣而古老的世界。

明清聖旨博物館
聊城市收藏家协会

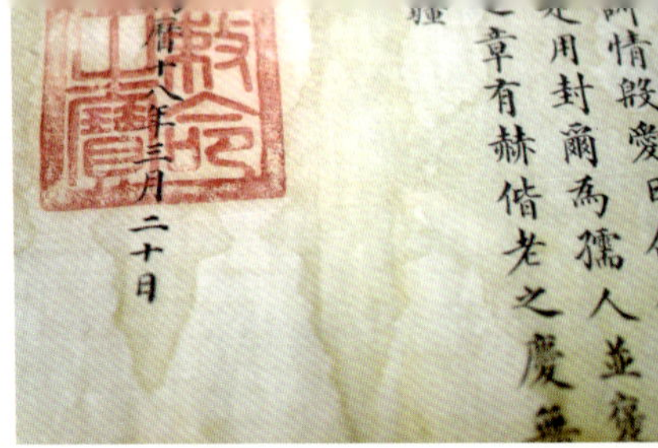

"圣旨"，顾名思义，就是皇帝的命令。距今 3100 年前，周武王伐纣时发表的一篇"讨纣檄文"可以称作是中国历史上最早的圣旨之一。初始的"圣旨"无固定形式，直到秦始皇统一天下后，"圣旨"才有了标准称谓。在明清两代，封建专制统治达到了顶峰，诏令文书最为完备。明代除"制、诏、诰、敕"外，还有"册、书、符、令、檄"等，都经过内阁颁发。清代基本沿用明制，为了加强中央集权和民族统治，还增加了"谕、旨、廷寄"等文书形式。

明清圣旨博物馆共收集了 208 道明清时期的圣旨，开馆展出 55 道，并配以明清时期的科举试卷、官场文书、字画匾牌等 2000 多件文物。

看了这里的圣旨，我才知道，原来明代以前的圣旨是没有那些电视剧中的"开场白"的，"奉天承运，皇帝诏曰"中的"诏曰"对使用场合有着严格的规定。除此之外，还有"制曰""敕曰""诰曰"。"制曰"是皇帝宣示百官时所用，并不下达于百姓；"敕曰"则是告诫的意思，皇帝在给官员加官晋爵的同时要警告官员不要恃宠而骄；"诰曰"用于封赠一至五品官员或世袭罔替之爵位者；只有对天下所有臣民颁布的圣旨，才叫"诏曰"。

并且，通过圣旨色彩的多少也可以看出官员的品级。一般来说，色多为贵。五品以上的官员所得到的圣旨，色彩比较丰

富，有三色、五色、七色等，五品以下的官员接到的圣旨，则没有如此丰富的颜色。但不论几色，圣旨中必有一段黄色丝缎，表示君王对黎民有再生之德。“诰命”中出现黄色，暗喻皇帝独享此色。

除了各式各样的圣旨，这里还有各式各样的“小抄”。其中一份小抄，摊开来有 5 米多长，纸虽然不是特别大，但字写得特别多。多到什么程度呢？ 40 多万字！ “四书五经”的内容全部记录在内，而且字体写得还相当工整，中间有的地方还做了重点标记。

比“小抄”纸更高级的是将字写在衣服上的作弊工具——小抄马甲，密密麻麻的字迹，看后着实让人忍俊不禁。这份小抄马甲上有 6 万多字，抄录了“四书五经”里的 48 篇文章。费这力气，干嘛不平时多用点功啊！小抄的字写得这么小，看着这么费劲，估计抄的时候都找不到往哪抄。

Tips

明清圣旨博物馆

聊城市古楼南大街74号

0635-8413666

运河钞关 一城芳华600年

✎ 小青 📷 徐建彬

在临清市后关街，踏进古朴的巷子，南行百米，就见道西有一古建筑，青砖灰瓦，朱红大门，大门口北竖立着一座石碑，“全国重点文物保护单位运河钞关”的字样镶嵌在黑色的碑身上。

走进大门，映入眼帘的是几棵百年老槐树，院中南北两幢木质结构的砖瓦房，古朴的院落吞吐古色古香的气息，似乎在向我们诉说着它600年的传奇经历。

历史上，临清钞关设立得最早，明朝宣德四年设立，雄踞全国八大钞关之首。众人所熟知的名著《金瓶梅》中屡次写到临清钞关，当年西门庆为给蔡太师的生辰做贺礼，招呼手下的伙计来

旺去杭州织造一批衣物，路经此地办理纳税。

此外，历史上临清钞关还接待过多位外国人。其中，我们较为熟悉的一位是利玛窦——意大利传教士，明朝万历年间来到中国居住。1600 年，利玛窦一行人带着准备进献给皇上的贡物，途经临清，与临清钞关主事（主管钞关事务的“一把手”）马堂见了面。马堂便在这里为他准备了丰盛的宴席。

临清钞关是中国古代运河税收机构的唯一典型遗存，是明清钞关兴亡的一面镜子，以其遗存文献最多、最丰富成为研究漕运史、关税史、运河文化发展史、运河城市发展史、货币史等不可多得的实物资料宝库，于2001 年被确定为全国重点文物保护单位。目前，当地主管部门计划以运河钞关为依托建设中国税务博物馆，使之成为一处弘扬祖国优秀文化、进行爱国主义教育的场所。

Tips

临清运河钞关

位于临清市城区内运河旁，是明清两代中央政府设于运河督理漕运税收的直属机构，也是目前仅存的一处运河钞关。现为全国重点文物保护单位。

说运河 绕不开张秋镇

✎郑民德

在聊城的运河文化中，张秋镇是一个绕不开的地方。古语云“南有苏杭，北有临张”，其中的“张”就是指张秋。这里曾经是京杭运河繁盛时期，运河沿岸的著名商埠，是聊城古代商业中心、河工要地、文化盛地，昌盛达 500 年之久。

张秋镇现在只是阳谷县下辖的一个小镇，但每一个角落，河边的每一个村庄，都仿佛让你回到了曾经的历史情境之中。数百年前，元世祖忽必烈开

凿会通河后，在张秋置荆门上下闸，并设都水分监管理河道，自此张秋逐渐成为周围地区的政治和经济中心。

明清两朝运河畅通，漕船如鲫，张秋吸聚了大量的人群，城市规模不断扩大，甚至出现了专业性街道，运河两岸到处都是商肆、茶馆、饭店、游乐场所，南北商人、行人、游客纷纷到此经营贸易、参观游览，城市人口不断增长，为此甚至修建了长达八里的城池，其规模超过了泰安府的府城。

漫步张秋镇，两岸的镇水铁牛依然炯炯有神地看着河面，眼中充满了历史的沧桑。数百年前黄河决口于张秋镇，冲决运河，当地官民耗时数年才堵塞决口。水患治理后，

官民们又将数千斤黑铁铸造的铁牛沉入河底，以镇压水怪。此后，张秋镇改名为安平镇，希望此后河道安澜，漕运平顺，为此修建庙宇，供奉龙王、真武大帝、天后等水神，官员率百姓四时祭祀。张秋还有大量的外地商人，以晋商为主，他们远离家乡来张秋经营贸易，为解思乡之愁，在镇中修建山西会馆，用以聚会、看戏、商讨生意，会馆中供奉关羽，修建会馆的石料、木材、工匠也是通过运河从老家运来，所以一座山西会馆是家乡情结的凝聚，也是张秋繁盛的明证，其历史地位不亚于东昌府的“山陕会馆”。

张秋镇是活着的运河遗产，它的河道、古船闸闸座都已入选《世界遗产名录》，站在张秋运河河堤上，感受着荆门闸、山西会馆、清真寺、陈家旧宅等古老建筑的历史厚重，同时也能体会到古老河道中的芦苇遍布、徐徐清风所带来的自然美。

运河粮仓『金七级』

郑民德

过了张秋镇，沿古运河北行便到了另一个著名的运河名镇“七级镇”。七级是京杭大运河上著名的粮食码头，在明清两朝享有“金七级”的美誉。七级镇文物古迹丰富，有七级码头、七级上下闸、清末古街巷等。

七级码头修建于明清两朝，当时沿运河而来的各地粮食纷纷在七级停泊，通过码头上岸销售，那时的七级人烟稠密、商贾云集、货物山积，周围大量民众纷纷来这里从事扛运、运输等业务，岸上无数的粮栈存粮数十万斤，为聊城、临清等大城市提供商品粮。七级码头也是七级镇的象征，曾入选“全国考古十大发现”，在运河上具有重要的地位。七级上下闸是运河上重要的水利工程，属复合闸，通过启闭以调节水源。明清两朝，不计其数的船只进入七级运河，在闸前等候，等水位达到一定高度的时候，才能进入

两闸之间的河道，有时要等候数天，甚至数十天，其间船上的人员前往七级镇消费、住宿与买卖货物。

古七级镇“冠盖风云集，楼船日夜通”“云帆万里拱神州”，属运河著名商埠，城镇有四座城门，四座水关，六纵八横十四条街道，镇中有闸官署、驿站等机构，以方便河道的管理与各类货物的运输。

优越的交通使七级镇日益繁华，形成了很多商业街道，靠近码头的一侧有一片清末民国年间的古街区，狭窄的道路两旁都是老旧的房子，为旧时的商业街，有药店、茶馆、饭店等，古朴的石板路、街道两旁的装饰构件，充分体现着七级的历史悠久与商业气息。

漫步于古街巷中，仿佛穿越了历史，那时的七级镇一派喧嚣，码头上到处都是装卸货物的人群，运河中船只填塞，南北商货堆积岸上，两旁店铺的吆喝声此起彼伏，其中还夹杂小商贩叫卖馒头、干鱼、烧鸡等的声音。

如今的七级镇正在进行运河文化遗产的保护与开发，修复了大量古迹建筑，正逐渐恢复明清时期的城镇格局，吸引众多游客前来参观、旅游。

叁

水城代有才人出
这里从不缺风流人物

是谁靠画图造出了文字？
是谁从做菜中悟出治国的道理？
是谁射了一封信退敌十万兵？
是谁为庞涓摆上了迷魂阵……
多少人物在历史烟尘中浮沉迷离，
多少答案都藏在这座古老的城中……

治国

如果没有汉字我们将会怎样？

谷小赢

如果给我一台哆啦 A 梦的时光机，我想穿越回没有文字的时代，去看看那时的人类是怎么一种生活场景。我们不妨大开一下脑洞，大胆设想一下：

因为没有语言，人不得不像蚂蚁一样生出两只触角，用以传递信息；或者像蜜蜂一样，一边释放激素一边跳起舞蹈，只为告诉同伴前方有可以采蜜的花丛；或者像黑猩猩，打嗝、吼叫、拍地、捶胸，表达自己的情感……

时光机飞得近一点，人类有了语言，学会了说话，但是还没有文字，尤其没有中国汉字，地球上的一切还会是今天

这幅景象吗?

早在250万年前，就已经出现了非常类似现代人类的动物。然而，世世代代的繁衍生息，他们与一同共享栖地的其他生物相比，并没什么特别突出之处。这些远古人类万万不会想到，他们的后代某一天能够进入太空、分裂原子、了解基因编码，还能撰写历史书籍，可上九天揽月，可下五洋捉鳖。

很难想象，假如世界上没有了文字，人类将会怎样？人类的进步将得到前所未有的毁灭：科学家不复存在，因为他们无法知晓记录在文字中的真理；艺术家们再无作品问世，因为他们不懂得色彩、图形的完美结合；人类的思想将无可遏制地回到洪荒时代，人类的后代也许要重新演绎一部生物发展史……

人类早在有历史记录之前就已存在，说到史前人类，不得不提的是，他们在当

时根本无足挂齿，对环境的影响也不见得比大猩猩、萤火虫或是水母来得大，但是对整个人类的发展却影响深远，自从有了文字，人类才开始真正进入文明时代。

我们中国人使用的汉字，相传是一个名叫仓颉的人所造。传说中仓颉有“双瞳四目”，复姓侯刚，号史皇氏。仓颉造字的故事我们每一个人从小就听说过，当然，

这仅仅是一个传说而已，我们已经无从考证。

相传仓颉“始作书契，以代结绳”，开创文明之基。仓颉造字的故事大致是这样的：相传仓颉是黄帝手下的左史官。黄帝让他去管理牲口食物这些东西，但是当时没有文字，所以就无法记录，管理起来非常困难。仓颉就想出了像打绳结这一类原始的计数方法，后来发现这些方法不好用。在一次打猎的过程中，仓颉发现有经验的猎人通过动物的脚印来判断是哪种动物。仓颉就因为这个受到了启发，于是就画一些东西来代表不同事物，就这样，仓颉开始造字了。

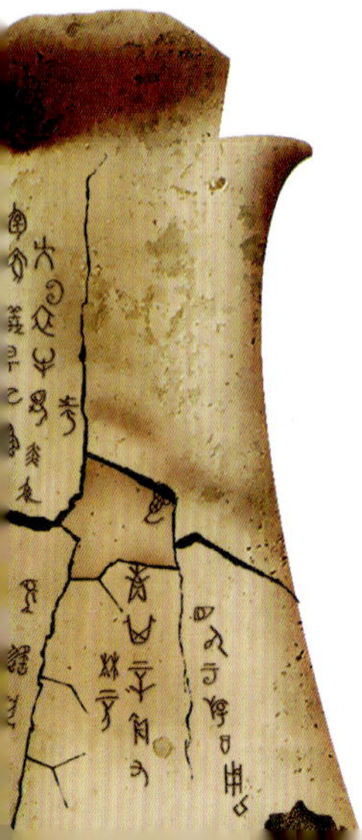

汉字的出现，在中国历史上是一件里程碑式的大事，为中华民族的繁衍和昌盛做出了不朽的功绩。难怪汉字问世，“天雨粟，鬼夜哭”。

鲁迅在《门外文谈》中说：“但在社会里，仓颉也不止一个，有的在刀柄上刻一点图，有的在门户上画一些画，心心相印，口口相传，文字就多起来了，史官一采集，便可以敷衍记事了。中国文字的由来，恐怕也逃不出这个例子。”的确，中国文字的产生，肯定是由无数个仓颉式的先民共同完成的，这从甲骨文繁多的异体字中也可以看出，汉字绝非由一人创造，这是基于考古发现，也是现代文字专家一致肯定的。

关于仓颉及仓颉造字，在许多辞书典章中均有论述。《吕

氏春秋 · 君守篇》中述“仓颉作书”。《淮南子》记载：“史皇生而能书”。汉代最伟大的史学家司马迁在《史记》一书中也说：“造端更为，前始未有，若仓颉作书……是也。”《说文解字》中提到：“黄帝之史仓颉，见鸟兽蹄远之迹，知分理之可相别异也，初造书契。”《兖州续志》中说“仓颉，黄帝史官也。生四目，观鸟迹而制字。”

《淮南子 · 本经训》说：“昔者仓颉作书，而天雨粟、鬼夜哭。”大意是说，仓颉造字的时候，天空下起了谷子，鬼在夜里发出哭声。《荀子》《韩非子》等古代典籍里也有关于仓颉造字的记载。到了秦汉时代，这种传说流传更广，影响更深。

不管“仓颉作书”的真相是怎样的，不论它是严肃的史实还是美丽的传说，都反映出人们对祖国文字的热爱、对它传承中华民族悠久文化的肯定。正因为人们对那些造字的祖先怀着感激和景仰，那些动人的传奇才能流芳千古。

仓颉逝世后葬于今天的聊城东阿县王宗汤村，墓今仍存。《皇览》《水经注》《兖州府志》及《东阿县志》等均有记载。

Tips

仓颉墓

明万历二十四年(1596年)于慎行主编的《兖州府志》记载：“仓颉故居在城(东阿县旧治，即今平阴县东阿镇)西北三十里。有墓、有寺。”清《东阿县志·古迹志》记载：“仓颉墓在县(今平阴县东阿镇)西北三十里，墓前有祠，久圮。道光五年知县李贤书捐俸重建。”

山东省东阿县铜城办事处王宗汤村东南1.5公里处

治大国若烹小鲜 他既是『厨圣』又是贤相

张永康

老子在《道德经》第六十章写道："治大国，若烹小鲜"，这句借用了"治国如烹饪"这个典故，意思是说，治理大国就像伊尹做菜那样。老子推崇的就是伊尹的治国之道：治理大国就像煮小鱼，不能随意翻动，多翻易烂，其中蕴含着无为而治的思想，不折腾不扰民。

“调和五味”通治国之道

能让“人中之龙”老子心服口服，已知最早的道家人物之一，这位伊尹就是老子心目中真正的“圣人”。前 16 世纪初，伊尹辅助商汤灭夏，由厨入相，位列帝师，成就一代贤相传奇。

在《尚书》《孟子》《吕氏春秋》《史记》以及近年的清华简中有关于伊尹的信史记载，伊尹，姓伊，名挚，夏朝末年生于空桑，伊尹出生后，被有莘国（所治区域在今山东曹县）的御用厨师收养。据《孟子》记载，伊尹年少时“耕于有莘之野，而乐尧舜之道焉”，后来莘县城北之地一度被称为“伊田”，伊尹耕莘处位于莘县莘亭镇大里王村西。

在辅佐商汤前，伊尹在有莘之野的这段成长经历，对于其治国思想具有至关重要的影响，《吕氏春秋》及《汉书》所提的“伊尹善割烹”，厨艺高明仅在其次，伊尹从烹饪中所领悟出的治国思想最为光彩夺目，由烹饪“调和五味”而通治国之道。《史记·殷本纪》记载伊尹负鼎，用烹饪美味给商汤讲述灭夏及治国之道，在《吕氏春秋·本味篇》中记载了伊尹关于制作美味的烹饪之道：治天下也如同烹制美味，讲究平和策略和自然调和，美味能这样做成，天下也能这样得到，伊尹一举成为商汤心目中的智者贤者，被奉为帝师，在灭夏过程中立下汗马功劳。

伊尹历事商朝商汤、外丙、仲壬、太甲、沃丁五代君主五十余年，身居高位而

首座巫觋

SKILL_GETTING

不恋权力，身体力行“尧舜之道”，堪称中国最霸气的帝师，从后代流传的“伊尹之志”故事便可见一斑。传说，太甲不遵守商汤治国之道，刚继位时，施政残暴，伊尹就放逐了太甲，自己与诸大臣代其执政，史称共和执政，并编写《伊训》《肆命》《徂后》等训词教育太甲，三年后，太甲悔过反善，伊尹便将王权交还给他，自己仍继续当太甲的辅佐。

在给太甲的训词告诫中，伊尹阐述了自己的“德政”理念，深为后来的周公推崇，战国时孟子也把伊尹视为践行“尧舜之道”的第一人，这是中国历代皇家“德政”教育的范本。

在其整个为相期间，伊尹的权力地位可谓万人之上，甚至平行于商王，在《尚书 · 君奭》篇中周公说“伊尹格于皇天”，意思是说伊尹的话就等于天意，**在商代大事动辄占卜，崇信鬼神，伊尹承担着“首座巫觋”的角色，所谓巫、相、医三者身份结合，具有无上权力。**在《孟子 · 万章》中记载的伊尹就以先知先觉自居，代天教训民众，可见其权力之高。但是，伊尹能做到不贪恋权位，这就是后人一直所说的“伊尹之志”，也只有老子所激赞的“大圣人”一词才可以评价他。所以，商朝对伊尹的祭祀规模，与天子是同一级别，一直延续到商朝灭亡。

除了为政和烹饪上的成就，伊尹在医学上的成就也彪炳千古，后世医家公认《汤液经法》为伊尹所撰，连“医圣”张仲景的《伤寒杂病论》，都离不开伊尹《汤液经法》的影子。伊尹在《汤液经法》中描述了关于中药的各种汤剂，其发明的“桂枝汤”被誉为是经方之首，其始创以陶罐煎熬中药的方式一直流传至今，伊尹是名副其实的医圣人。

伊尹——这位圣人中的“圣人”，因此也被称为元圣人，第一圣人之意。后世对伊尹的评价极高，从如下几位的评价中便可见一斑：

Tips

伊尹(前1649年-前1549年)

伊姓，名挚。夏朝末年生于空桑，因其母居伊水之上，故以伊为氏。伊尹为中国商朝初年著名贤相、政治家、思想家，已知最早的道家人物之一，也是中华厨祖。

顶礼膜拜
他用一封信退了十万兵

张永康

战国时代，是文人参政的最辉煌时期，策士说客凭借对天下势数的把握，以高超的口才合纵连横，出入各诸侯门庭，不乏书生以口舌退敌兵十万的佳话。

在现在的聊城流行一句唱词："山东聊城水一环，鲁连射书万古传"，这个"鲁连射书"典故主人公就是战国时期齐国人鲁仲连。鲁仲连，尊称"鲁连子"，生平年份约为前 300 —前 250 年。《资治通鉴》中记载，战国时魏国第 6 代国君魏安釐王问：谁是天下高士？有人告诉他鲁仲连称第二，没人敢当第一。在那个时代，鲁仲连是公认的天下高人，《史记》称赞其"好持高节"，就是说他既有实力又有范儿！

今天，我们常听到的关于鲁仲连的典故包括"义不帝秦""鲁连蹈海""鲁连射书""妙语驳田巴"等，他的事迹在《战国策》《史记》与《鲁连子》等古籍中都有记载。

幼时的鲁仲连在稷下学宫曾师从徐劫，专攻"势数"之学。当时齐国有个叫田巴的演说家，此人天生一张铁嘴，诡辩强悍，传曾一日折服千人，难逢敌手。年仅 12 岁的鲁仲连听说田巴的大名，就想去会一会他。

鲁连见了田巴，单刀直入："现在我国形势非常危急，南阳地方有楚国大军屯驻，高唐一带遭受赵国军队攻打，聊城被十万燕军团团围困。田先生可有妙计吗？"

田巴红着脸说："没有办法。"

鲁连笑道："国家紧急，人民危亡，作为齐国的有识之士，你不思救国，却整日为了辩论而辩论，与怨妇哭街有何区别呢？"

从此，田巴不再夸夸其谈了。

可见，鲁仲连自幼就对当时天下大势了如指掌，他的雄辩不是空口诡辩，而是紧紧围绕治国安邦、救济解危这一实务主题，这之后的鲁仲连确实展现了自己善于谋划、排忧解难的实干才能，可以说鲁仲连是最早抨击"空谈误国"的名士之一。

在他诘问田巴时，提到"聊城被燕军团团围困"这一难题，在齐国稷下数千策士辩才都束手无策时，鲁仲连恰恰就是用一箭飞书就退却燕国十万大军，这就是使得鲁仲连名扬千古的"鲁连射书"。

《史记·鲁仲连列传》里着重记述了鲁仲连如何用一封《遗燕将书》退去十万燕军：

公元前284年，燕将乐毅联合秦、韩、赵、魏四国共同伐齐，包括聊城在内七十多座城被攻克，攻占聊城的燕将因有人在燕王那里说了他坏话，怕回去被诛杀，就据聊城不敢回燕国。后来，齐将田单发起反攻，收复了齐国的大部城邑，唯独攻打聊城遭受重大伤亡。前279年，田单久攻聊城不下之际，鲁仲连就帮忙写了一封信，绑在箭上射进城去，信上写道：

你因泄愤，不顾及燕王权威，这是不忠；丢掉聊城，这是不勇；名声破灭，是不智。现在齐国决心全力夺回聊城，各国形势对齐国非常有利，你再困守也时日不久。而且燕国发生动乱，君臣陷入困境，大军在外连败，不如趁此带兵力回归燕国，燕王一定高兴；如果不愿回燕国，就归附到齐国来，齐国也会予以分封。

最后又用曹沫和管仲的例子劝诱燕将要以“小节”而成“终身之名”，以“小耻”而立“累世之功”，放弃聊城。结果，燕将看了鲁仲连的信，哭了好几天，想要回归燕国，怕被诛杀；想要投降齐国，恐怕降服后被侮辱。最后就自杀了，燕军罢兵而去。

齐王想要封鲁仲连爵位，鲁仲连听后潜逃到海边隐居起来，他说：“我与其富贵而屈身伺候别人，还不如贫贱而潇洒做自己啊。”

《战国策》中评价鲁仲连说：解齐国之围，救百姓之死。这对于一位文人来说，恐怕是最大的肯定了，而他不屑于富贵权势的高洁风范，确实超出普通士人。

在迷魂阵里穿越时空

✎可乐

阳谷县城北 6 公里处，有 4 个神秘的村庄，它们分别是大迷魂阵村、小迷魂阵村、前迷魂阵村和后迷魂阵村。“从早转到晚都未必能找到出口”的电影桥段，在这里却是实实在在的存在。

相传战国年间，齐魏两国交战，齐国军师孙膑曾在阳谷县城东北 6 公里处设“迷魂阵”，大败魏将庞涓。这些村庄便因此而得名。村中的街道格局，是模仿当时的阵势建成的。房屋依街道而建，斜度不一。外人进村，随意选择出发点，就会产生一种时空错乱的感觉。

据说，小迷魂阵村东的小广场上，原本坐落着修建于清顺治年间的孙膑阁，它坐北朝南，2 层 3 间。上层的孙膑塑像，一人多高，头戴升帽，脚踏云靴，手托“天书”；两旁是站班，左边是侄子孙燕，右边是徒弟毛遂。

但遗憾的是，孙膑阁遭严重破坏，遗址处只残存了两块石碑。碑文记载：“迷魂阵相传为孙膑用兵地，神其术数，运其兵法，以迷魏师魂而夺其魄，以制其命者也。”

虽然历史已成云烟，但孙膑留下的“迷魂阵”还在继续“迷糊”着前来探秘的人们。

有这样一个故事，一个卖豆腐的和一个卖香油的在村中迷了路，两人转了一圈又一圈，碰了七八次面，并多次从一个浆线子的妇女旁边走过。卖豆腐的说：“这个村卖香油的真多”，卖香油的说：“卖豆腐的也不少”。卖豆腐的又说：“不知今天是啥好日子，这村的妇女个个都忙着浆线子。”妇女听了大笑道：“你们两个都迷路了，其实今天只有一个卖豆腐的，一个卖香油的，村里浆线子的只有我，我都看到你们走过七八回了！”

这样的故事几乎每天都在上演，村里上了年纪的人几乎都能随口说上几个。他们每天习惯性地搬个小马扎坐在村口，一遇到外来人，就会关切地凑上去问一句：“迷糊了吗？”

“进了迷魂阵，状元也难认；东西南北中，到处是胡同；好像把磨推，老路转到黑。”在前迷魂阵内，从村外走进村内，可能只花了几分钟的时间，可是在感觉上，时间已经过去两个小时了；当你觉得太阳刚好到了头顶，应该是正午 12 点的时候，其实，还只是 10 点而已。

到了后迷魂阵的时候，这种差异会变得更加明显，你能将正午 12 点当成下午 4 点。不过，只要一走出村子，你就会发现，那种对时间的错觉立即消失了。

“十人进村，九人迷糊。”不信？你来试试。

Tips

孙膑

齐国（今山东阳谷东北）人，孙武的后代，大致与商鞅、孟轲同时，为战国时兵法家。他曾与庞涓同学兵法，当庞涓作魏惠王将军时，忌其才能，把他骗到魏国，处以膑刑（即去膝盖骨），故称孙膑。后经齐国使者秘密载回，被齐威王任命为军师，协助齐将田忌，设计大败魏军于桂陵、马陵。著有《孙膑兵法》一书，也称《齐孙子》。

一代才子曹子建 东阿鱼山觅梵音

嗎嗎

出东阿县城，沿古驿道所在的柏油路南行，有一座鱼山，因建安才子曹植闻梵于此，死后又归葬于此而闻名。曹植在东阿鱼山自编了很多文集，也创作出中国最早的佛教音乐——鱼山梵呗。

第一次登临鱼山是一个下雨的秋日，在雨雾之中，向山下望去，只见黄河和小清河汇流在一起。再看雨中的鱼山，它是那般平实，不事雕饰，以它天然的本真面目，呈现在我的面前。

1700 多年前，曹植初登鱼山时，看到的是什么样一幅景象呢？能让一代才子曹子建第一次登临便发出“喟然有终焉之心”的鱼山，该是有着怎样的魅力？站在这座并不雄伟的山顶，我试图穿越千年的时光，拨开历史的迷雾，寻找问题的答案。

鱼山，为泰山余脉，海拔仅 82.1 米。在曹植初登鱼山三年之后，时年 41 岁的他病逝于陈，次年其子曹志遵遗嘱，将其遗体迁葬鱼山。曹植墓就在山的西侧，墓门西向。与鱼山一水之隔的东南方，就是绵延的群山，曹植为何对这样一座既矮且小的山丘情有独钟呢？

曹植与鱼山的故事，最动人也最让后人津津乐道的部分不是他归葬于此，而是他在此创造了鱼山梵呗，传唱至今。

登鱼山而上，在鱼山西侧，有一处石壁刻着“闻梵”两个朱红大字，相传这里就是曹植当年闻听梵乐的地方。在“闻梵”处的下方，有一石洞，名曰“梵音洞”，据说曹植听到的梵乐就是从这个洞中传出来的。而《东阿县志》也把曹植“鱼山闻梵”列为“东阿八景”之一。梵呗已传唱千余年，被列入国家级非物质文化遗产。

或许很多人对鱼山梵呗并不了解，鱼山梵呗也称鱼山呗，简称梵呗，是指佛教徒做法事时念诵经文的声音。曹植不仅有“独占八斗”的诗才，还有着参透佛乐的悟性。相传曹植有一天在登临鱼山时，听到了梵音。《法苑珠林》里这样描述道：“陈思王曹植尝游鱼山，忽闻空中梵天之响，清雅哀婉，其声动心。独听良久，乃摹其

声节，写为梵呗，撰文制音，传为后式。”

自从曹植创作鱼山梵呗以后，就在佛教界和民间代代相传。鱼山梵呗不仅在中土影响广泛，还远播韩国、日本等国。有些梵呗还为朝廷乐府所用，梵呗从此进入了一个辉煌时期。据音乐文献《乐书》的记录，唐代乐府采用的梵呗就有 26 曲。唐代佛教歌赞资料《转经行道愿往生净土法事赞》《依观经等明般舟三昧行道往生赞》《净土五会念佛诵经观行仪》《净土五会念佛略法事仪赞》等，包括敦煌经卷所载唐代部分佛曲，所用曲调均是梵呗声调，唐代流行的一种说唱文学形式“变文”，也是梵呗的音韵。唐朝贞元年间，日本真言宗空海大师来到中国求法，在此期间，空海大师学习了鱼山梵呗，将鱼山梵呗传到了日本并流传至今。曹植也因此被誉为日本佛乐之祖。

这小小的鱼山，成就了高山仰止的曹植。一代才子选择永远沉睡在鱼山脚下，该是多大的缘分。曹植安葬于此时，有济水和汶水两水萦绕，1700 多年后的今天，济水、汶水没有了，代之涌流的是我们的母亲河黄河以及小清河。

置身鱼山之巅，我仿佛看到曹植首次面对鱼山时的神情，他在这里遇到了梵音。而你，来或不来，曹植就在那里，在云里，在雾中，在草丛里，在雨滴中，在历史长河的文字里，在绵绵不绝的梵呗中。

Tips

曹植墓

曹植墓位于东阿县鱼山镇鱼山村，依山而建，始建于三国魏太和七年(233年)三月。1996年11月曹植墓被国务院确定为全国重点文物保护单位。

唐代『男神』不简单

姜小齐

历史不用涂金嵌银，就自然凝重厚实；历史不用精雕细琢，就自然栩栩如生。历史因为人物而饱满鲜活，人物因为历史而弥久流光。

能让我们有如此喟叹的，便是唐代博学多能的吕才。这位爱文学、懂军事、知历史、晓地理、善医药、会算命、长音律的全能型人才，如果放在今天一定会被各种顶礼膜拜，圈粉无数，说不定还会成为很多人心目中的“男神”。

吕才究竟多有才，光看头衔便可知一二：唐代哲学家、思想家、音乐家、科学家。他通晓天文、地理、医药、制图、军事、历史、文学、哲学乃至五行、龟蓍、历算、象戏等，尤长于乐律，而且大都有专门著作和创造。

世人皆知唐代是盛产诗人的时代，却鲜有人熟悉这位堪称“全才”的吕才。这位自带“男神”光环的牛人，也是咱聊城人！在这里，我们心中不禁产生一个疑问，这样一位全能的人究竟是如何炼成的？他是不是一直都是命运所眷顾的宠儿呢？

吕才公元606年出生于博州清平（今山东高唐），与他同时代的，还有大名鼎鼎的玄奘，这两位历史人物不仅是同龄人，在佛学研究上还有过交集，这是后话。吕才虽然出身于寒微的庶族家庭，但从小聪颖好学，有一股他人不具的好奇、求解、弄懂的钻劲。尤为难能可贵的是，他是未经名师传授，自学成才，用今天的话说，活脱脱就是“别人家的孩子”。

除完成所学课业外，吕才兴趣爱好广泛，涉猎的范围也十分广泛，包括乐、艺、天文、地理、历史等所及的各种各类学问，很快便成了人人皆知的少年才子。唐初的一些名臣官僚如魏徵、王珪等都十分赞赏他的“学术之妙”。30岁时，被温彦博、魏徵等人推荐给唐太宗进入弘文馆，官居太常博士、太常丞、太子司更大夫。

吕才爱文学，在唐朝“一切应用文字，上起诏敕，下至判辞书牍，无不用近体文”的境况下，将接近口语的古文当作有效工具，成为唐朝古文

漏刻

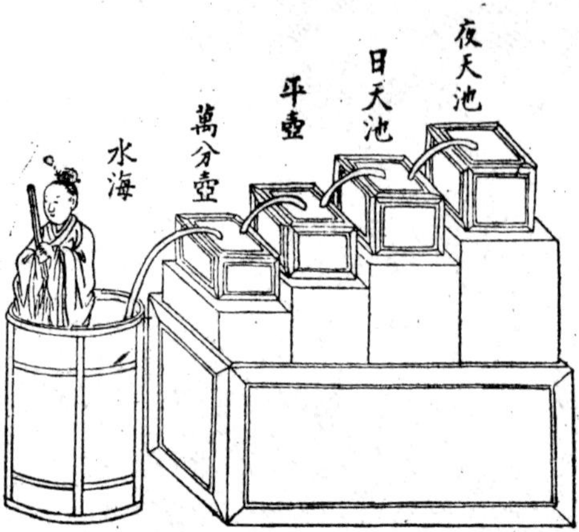

运动的奠基人。吕才知历史，自传《隋记》20卷，流传于当时。吕才通天文，他修改的历法沿用至今，他发明的漏刻计时仪器历经千年而不衰，并不断得到发展，著有《刻漏经》一卷。吕才精通算命之术，他奉唐太宗之命制定合婚表（人称为《减蛮经》）。

吕才还曾以儒学家的身份对儒学中的一些问题进行过独立研究，与僧众们有过激烈的争论，并引起唐高宗的关注。他与一些僧人学士还到慈恩寺玄奘面前相辩，这场争论内容已不能尽知，佛教对此辩论也鲜有记载，但这场争论上至朝廷公卿、下至街巷百姓无不知晓，可见当时影响之大。

吕才的博学多能，最难能可贵的是他具有无神论思想。这一思想集中反映到他所奉命刊正削存的阴阳书中。

在战国时期形成的阴阳五行学派，以阴阳五行观念为基础，掺杂一些宗教、巫术和迷信，用以解释日常生活中的一些自然现象和社会现象，从而形成了唯心论与神学的思想体系。

据《新唐书·吕才传》记载，“帝病阴阳家所传书多谬伪浅恶，世益拘畏，命才与宿学老师删落烦讹，掇可用者为五十三篇。”意思是说，传世的阴阳书，荒诞怪迂，甚至连唐太宗也不能容忍，于是命吕才及宿学老师“删落烦讹，掇可用者”。

在刊正阴阳书的过程中，吕才“于持议儒而不俚，以经谊推处其验术，诸家共诃短之，又举世相惑以祸福，终莫悟云。”吕才的无神论思想虽属于儒家思想范畴，但并不拘泥，“以经谊推处其验术”，他批驳了阴阳书中的宗教迷信，用儒家思想创立了一种无神论体系。

遗憾的是，尽管吕才刊正削存的百余卷阴阳书得到了唐太宗的认可，并诏颁天下，但该书绝大部分已经佚失，现仅存《叙宅经》《叙禄命》及《叙葬书》三篇残文。

除了上述，吕才在乐律方面的成就尤为人称道。每逢太宗宴请从臣、赏赐闾里、赋诗抒怀之时，吕才便奉命依诗谱曲编舞，相继创作并谱曲《功成庆善舞》（后更名为《九功舞》）《七德舞》（后更名为《秦王破阵乐》《上元舞》）等。不久即传到日本、印度等国，在国内外产生了广泛的影响。至今，齐鲁乐团、陕西省歌舞剧院以及日本的艺术团体，仍在演奏《秦王破阵乐》和《唐代乐舞》。

千余年来，吕才及其《秦王破阵乐》等歌舞曲，一直受到史学界、音乐界的重视，《旧唐书》《新唐书》及现今出版的《中国历代名人辞典》《中国百科全书·音乐舞蹈卷》，都为其列传，山东省社会科学院将其列入《齐鲁文化六十名人》之一。

鲜为人知的是，吕才将当时的长笛改进为乐器尺八，被尊为“尺八之祖”，尺八也因其与聊城的特殊历史渊源成为聊城独一无二的文艺资源。现在日本奈良大寺内的正仓院珍藏着唐代传去的八支唐式尺八。日本也仍然流行着尺八乐器及音乐。近年来，随着国际上尺八的流行，以及日本尺八界到中国的寻根，各式尺八逐渐传回中国。

吕才于公元665年去世，他的成就是多方面的。如今，这位多才多艺的先贤长眠在聊城高唐县清平镇吕庄村东，其墓保存完好。

Tips

吕才

博州清平（今山东聊城高唐县清平镇）人。唐代哲学家、唯物主义思想家、无神论者、音乐家，是位多才多艺的学者、自然科学家。

夜读成就清朝状元

✎ 小青

1644 年，闯王李自成攻占了明朝国都北京，崇祯皇帝自尽，明朝灭亡。据传因李自成的爱将抢走了明将吴三桂的爱妾、名满天下的美人陈圆圆。驻守山海关的吴三桂“冲关一怒为红颜”，放清兵入关，赶走了李自成。同年，顺治帝迁都北京，大规模的战乱逐渐平息，清朝取代明朝成为统治者。

连年的战乱、政权的更迭让很多百姓流离失所、贫困不堪，却没有阻碍少年傅以渐的勤学苦读。

聊城，盛夏的夜晚，傅以渐和家人在院子里吃完晚饭，便跑进屋里点灯读书。谁知要背的书还没背完，灯油就已经燃尽了。母亲劝他早点睡觉，说：“明天连买粮的钱都没有了，哪还有钱买灯油。”

读书心切的傅以渐拿着书从家里出来，到古楼前挑灯卖花生的耿大爷那里去“借光读书”。没读多久，消息灵通的王二小便也来到了古楼，王二小对他们说：“玉皇皋闹鬼了，昨天半夜三更，院里灯火通明，鼓乐喧天，小东关有个叫李三的，扒着墙头往里瞧了瞧，却看到一些像人非人的怪物在那狂欢乱舞，还砸破了李三的头。以后晚上可不能去玉皇皋玩了！”

王二小讲得绘声绘色，傅以渐却只听到了“灯火通明”四个字，他心想：耿大爷卖一会儿也得回家了，为啥不去玉皇皋读书呢。拿定主意后，傅以渐告别耿大爷来到玉皇皋，大殿上果然亮着两盏灯，是个读书的好地方。

傅以渐开始是默读，然后小声读，渐渐变成了高声诵读。他的读书声惊动了玉皇皋里的道士们。原来，道士们怕夜间有人打扰，故意装神弄鬼吓人，他们又来唬傅以渐，结果他毫无反应。道士们见他读书成痴，认定他将来能成大事，就每夜燃灯供他读书。

傅以渐在玉皇皋，一连读书多年，院试、乡试都榜上有名。顺治三年（1646年），傅以渐成为清朝第一位科举状元。此后他一直为官，身居高位，还做过康熙皇帝的老师。他为官期间，鞠躬尽瘁，任劳任怨，以勤政清廉著称于世。

傅以渐的子孙后代也承袭了他的勤勉精神，近三百年间，傅氏家族共有进士、举人、贡生等百余人，在朝为官的也很多。著名学者、北京大学代理校长、台湾大学校长傅斯年就是傅以渐的七世孙。傅氏家族成为聊城的名门望族。

当年傅以渐夜读的玉皇皋已经不存在了，他勤学好读、勤政清廉的故事却一直流传到现在，比如“书生斗智”“骑驴上朝”“仁义胡同”……聊城人都以傅以渐为楷模，现在很多父母教导孩子要好好读书时，还会给他们讲“傅以渐夜读玉皇皋”的故事。

Tips

傅以渐

字于磐，号星岩。今山东聊城东昌府区人，知名学者、史学家，清朝第一位状元。他学识广博，精通经史，工于诗文。傅以渐以状元而居相位，他鞠躬尽瘁，任劳任怨，以勤政清廉著称于世。

千古奇丐凭什么被载入正史？

✎玛丽

如果历史不以成败论英雄的话，那么我一定要为这位敢想敢做而且永不服输的“千古奇丐”点一千个赞。至少对于在他兴办的义学中读书的穷家子弟来说，武训绝对是一个值得被铭记于心的恩人。

清王朝风风雨雨，前后共历经 276 年，是中国历史上最后一个君主制王朝。纵观中国封建王朝历史，能在正史中留名的不是达官显贵就是文豪巨匠，而以乞丐身份被载入正史的，除了武训再无第二人。

武训是被写入《清史稿》的人物。他原本是一个乞丐。一个小人物，能收入《清史稿》，足见其不凡。

武训 1838 年 12 月 5 日出生在山东堂邑县（今属冠县）柳林镇武家庄一个贫苦农民家庭，因在家中排行第七，故名“武七”，乳名唤作豆沫。小豆沫三岁丧父，七岁丧母，原本就贫苦的家庭更加雪上加霜，豆沫求学不得，只能乞讨为生。

1859 年，二十一岁的武七开始着手实施他的“伟大”计划，到各地去行乞集资。他头发脏乱，面目污黑，烂衣遮体，但却很快乐，一边走一边唱着自己编的歌谣，四处乞讨，也替人干活“边乞边佣”。几年下来，这个苦并快乐着的乞丐，足迹所至，遍及山东、河北、河南、江苏等地。

義学

每次讨得较好的衣物和饭食，他就设法卖掉换钱。而自己则像一个苦行僧一样，只吃最粗劣的食物，边吃还边唱：“吃杂物，能当饭，省钱修个义学院。”“拾线头，缠线蛋，一心修个义学院。”“吃的好不算好，修个义学才算好。”

关于武训为什么要行乞兴学？《清史稿》仅有一句话：“自恨不识字”，故“誓积赀设义学”。野史笔记，则有众多说法。比如，七岁时，武训曾拿着积蓄的两百文铜钱求私塾老师收留读书，却遭富家子弟赶出学堂；还有，武训在财主家行佣，地主欺武训不识字，曾做假账抵赖，武训不仅分文未得，还遭财主毒打等等。

吃尽了没文化的苦头，武七没有自暴自弃，而是决定通过自己的微薄之力，让穷人的孩子读书识字，从而免受有钱人的欺压，过上好日子。武七含垢忍辱，到他三十岁而立之年时，终于在他的家乡堂邑县的柳林、馆陶、临清三地置地三百余亩，办起三所义学。

学校建成后，武七亲自到当地有学问的进士、举人家跪请他们任教，并到贫寒人家跪求他们送子上学，学费全免，经费从武七置办的学田中支出。每逢开学第一天时，武七都要先拜老师，次拜学生，这

种仪式持续多年。每次置宴招待老师，他都请当地名绅相陪，而自己则站立门外，专候磕头进菜，待宴罢吃些残渣剩羹便匆匆而去。

武七一心一意兴办义学，为免妻室之累，他一生不娶妻、不置家。其兄长亲友多次求取资助都被他拒绝，他唱道："不顾亲，不顾故，义学我修好几处。"

山东巡抚张曜闻知武七义行，特下示召见，并下令免征义学田钱粮和徭役，另捐银二百两，并赐名武七为武训。同时奏请光绪帝颁以"乐善好施"的匾额，武训的绝世奇行轰动朝野。清光绪帝授以"义学正"名号，赏穿黄马褂。从此武训声名大振。

如今，武训的事迹，依然在他的家乡聊城众口相传。

Tips

武训

行七，原无名，名"训"是清廷嘉奖他行乞兴学时所赐，字蒙正，自号义学症，谥号义学正。山东省堂邑县(今冠县柳林镇)武庄人。中国近代民众办学的先驱者，享誉中外的贫民教育家、慈善家，行乞三十八年，建起三处义学，是中国历史上以乞丐身份被载入正史的唯一一人。

抗战英雄　忠魂犹在

小齐

自古山东出英雄，这是一片充满英雄主义情结的土地。地处鲁西平原的聊城不仅是一座物华天宝之城，也是一片英雄辈出的红色热土。张自忠，就是这片热土上一个闪耀着不朽光辉的名字。

1891 年 8 月 11 日，张自忠出生在临清市唐园村一个富裕的地主家庭，从小没有为衣食犯过愁，但村里有些佃户吃糠咽菜，家境贫寒。张自忠于心不忍，常常从家里拿来白面馒头换人家的糠窝头。为顾全对方的自尊，他一再说自己爱吃糠窝头，从不摆出一副施舍的样子。遇到街上卖水果的，他常常把整筐包下来，让大伙吃光分净，然后向母亲讨钱付账。

1907 年，16 岁的张自忠由母亲做主，与临清县咨议局议员李化南之女、17 岁的李敏慧结婚。1908 年，他考入了临清高等小学堂。当时的高等小学堂，相当于今天的中学。

十九世纪末，中国正处于内忧外患的煎熬之中。清廷昏庸腐败，国势极端衰弱，列强瓜分中国的狂潮一浪高过一浪，中国人民陷入了极为悲惨和苦难的境地。张自忠的少年岁月，就是在这样一个黑暗时代

度过的。这个背景对他的成长影响至深。

1911年10月，辛亥革命爆发。这一年的冬天，张自忠考入天津北洋法政学堂。在这里，他第一次接触到孙中山的三民主义学说和“驱除鞑虏，恢复中华，建立民国，平均地权”的资产阶级革命政纲，这些振聋发聩的进步思想对他日后的成长产生了深刻影响。

1911年底，张自忠秘密加入同盟会，投入了轰轰烈烈的革命运动。然而，袁世凯凭借北洋势力和帝国主义的支持，篡夺了辛亥革命的果实，并指派亲信入鲁捕杀同盟会员，革命党人在山东掀起的革命浪潮被彻底镇压了。**革命党人软弱无力和惨遭杀戮的命运使张自忠意识到，要挽救民族危亡，仅靠坐在学堂里埋头苦读或四处奔走呼号、鼓吹革命是远远不够的，必须拥有强大的武装才有取胜的希望。经过深思熟虑，张自忠毅然决定投笔从戎，走上从军的道路。**

1914年秋，张自忠和约好的五个同乡奔赴奉天省（今辽宁省），到陆军第二十镇（师）第三十九协（旅）第八十七标（团）参军。之所以千里迢迢从山东去奉天参军，是因为第二十镇的很多官兵是山东人，尤其该团团长车震是临清县人，还是张自忠三哥（张青山）的朋友。一起去的五个同乡，因受不了部队的艰苦，纷纷告假回乡，只有张自忠坚持了下来。

后来，经由车震推荐，张自忠转投到冯玉祥手下，开始真正的军旅生涯。因为他的突出表现，职务和军衔一路攀升，成为名震一时的西北军名将，带兵参加了中原大战、长城抗战、徐州会战等。

1940年5月16日是张自忠壮烈牺牲的日子。当时，日军为了控制长江交通、切断通往重庆运输线，集结三十万大军发动枣宜会战。当时中国军队的第 33 集团军只有两个团驻守襄河西岸。张自忠作为集团军总司令亲自率兵出战。

日军在《一位将军之死》中记述了张自忠殉国时的情形："他（藤冈）端着刺刀，向敌方最高指挥模样的高大身材军官冲去。此人从血泊中猛然站起，两眼死死盯住藤冈，藤冈一等兵从他射来的眼光中，感到一种说不出的威严，竟不由自主地愣在了原地。这时，背后响起了枪声，第三中队长堂野射出一颗子弹，命中了这个军官头部，他脸上微微地出现了难受的表情。与此同时，藤冈一等兵像是被枪声惊醒，也狠起心来，倾全身之力，举起刺刀，向高大的身躯深深扎去。这一刺之下，这个高大的身躯像山体倒塌似的轰然倒地。"

弥留之际，张自忠留下最后一句话："我力战而死，自问对国家、对民族、对长官可告无愧，良心平安！"

张自忠殉国时，年仅 50 岁。张自忠是中国军队在抗战中牺牲的最高级别将领，而且是在第二次世界大战反法西斯阵营中首位战死沙场的最高级别将领。

天地英雄气，千秋尚凛然。张自忠的英雄气概，使得聊城这块热土英雄辈出，也让生活在这里的人民始终坚持着对信仰矢志不渝的追求，涌动着永不褪色的精神力量。

Tips

张自忠

字荩臣，后改荩忱，汉族，山东省聊城市临清市人，第五战区右翼兵团总司令兼第三十三集团军总司令，国民革命军上将衔陆军中将，追授二级上将衔，著名抗日将领、民族英雄。1937年至1940年先后参与临沂向城战斗、徐州会战、武汉会战、随枣会战与枣宜会战等。1940年在襄阳与日军战斗中，英勇牺牲。

国学大师结缘聊城大学

姜传　侯贺良

季羡林先生去世的那一年，我刚好大学毕业，非要说与这位大师有什么交集，除了小学课本里学过他的几篇文章之外，恰巧我人生中的一个重要节点与他老人家生命的终点有着偶然的重合，仅此而已。

不同于很多其他的历史名人，这种与自己的生命在同一时间中产生过的交叠，让我对这位大师有着一种质朴的亲切感。细细想来，这种浑然天成的亲切感，大约也是来自于从他的文字以及描述他的文字中窥见的其人其事吧。

像季羡林先生这样经历了近百年沧桑

岁月的学者，只采撷片段信息来介绍他，无异于管中窥豹。他一生求知不辍、学问渊博、视野高远，他教书育人桃李满天下，他拥有温润深厚的德性、豁达包容的情怀，他的一生犹如一本耐人寻味的厚重史诗，闪烁着永不熄灭的智慧之光。

“一介布衣，言有物，行有格，贫贱不移，宠辱不惊。学问铸成大地的风景，他把心汇入传统，把心留在东方……”季羡林曾被授予 2006 年“感动中国”人物，颁奖词中这样评价他。季羡林先生为人所敬仰，不仅因为他的学识，更因为他的品格。他的书，不仅是个人一生的写照，也是近百年来中国知识分子历程的反映。

季羡林 1911 年出生于聊城市清平县（现临清市）康庄镇官庄一个农民家庭，六岁以前，小季羡林一直在清平随马景恭老师识字。随后便离家去济南投奔叔父，进私塾读书，学习了《百家姓》《千字文》《四书》等。虽然很小的时候就离开了家乡，但他对于家乡的发展，尤其是家乡教育事业的发展格外关心，他与聊城大学之间难分难舍的不解之缘，至今仍然鼓舞激励着很多人。

1981 年，聊城师范学院正式建立的第一年，季羡林应邀参加新生开学典礼，进行了《从比较文学谈到中印文化交流》的学术讲座，并成为聊城大学第一批聘请的校外兼职教授。1982 年 10 月 10 日，受聘任该校名誉院长，还热情洋溢地挥笔写下了“鲁西最高学府，山东璀璨明珠”“聊

城师范学院图书馆”的题词。1999 年建校二十五周年，又应邀题写了聊师校训“敬业、博学、求实、创新”，并从北京赶来参加校庆活动。

教育部批准更名为聊城大学后，季羡林又为学校题写了“聊城大学之成立，诚所谓顺乎天理，应乎人情之盛举。行将见桃李遍鲁西，文风满山左，流风余韵普及神州矣。为鲁西庆，为山东庆，为祖国庆！”的贺词。2002 年 9 月 26 日，聊城大学揭牌仪式上，北京大学副校长郝斌代表北大和季羡林先生专程到校参加仪式，带来了季羡林先生在北京解放军三〇一医院病榻上写的《在聊城大学揭牌仪式上的发言》，并代表季羡林接受了名誉校长的聘书。

对于家乡高校的发展，季羡林从不吝惜自己的支持，从上述与聊城大学之间的几次交集便可以看出。

季羡林先生说：“我幼无大志，自谓不过是一只燕雀，不敢怀‘鸿鹄之志’。”然而，历数他的头衔便可知这只“燕雀”取得的成就岂止是“鸿鹄之志”所能表述。**他精通 12 国语言，是国际著名的东方学大师、语言学家、文学家、国学家、佛学家、史学家、教育家和社会活动家。历任中国科学院哲学社会科学部委员、聊城大学名誉校长、北京大学副校长、中国社会科学院南亚研究所所长，是北京大学终身教授。**

季羡林早年留学国外，通英文、德文、梵文、巴利文，能阅俄文、法文，尤精于吐火罗文，是世界上仅有的精于此语言的几位学者之一。为“梵学、佛学、吐火罗

文研究并举，中国文学、比较文学、文艺理论研究齐飞”，他的著作汇编成《季羡林文集》，共 24 卷。在佛典语言、中印文化关系史、佛教史、印度史、印度文学和比较文学等领域创获良多、著作等身，成为享誉海内外的东方学大师。

然而，对于这些外界加诸的头衔，季羡林先生是不接受的，他甚至在他的《病榻杂记》中撰文，力辞“国学大师”“学界泰斗”“国宝”这三顶“帽子”，三辞桂冠的故事至今仍被人津津乐道。

季羡林说，他对中国一些重要的经典著作有所涉猎，但是对哪一部古典、哪一个作家都没有下过死功夫，因为他从来没想成为一个国学家。后来专治其他的学术，除了尚能背诵几百首诗词和几十篇古文外，自己的国学知识并没有增加。环顾左右，朋友中国学基础胜于自己者，大有人在。“在这样的情况下，我竟独占‘国学大师’的尊号，我连‘国学小师’都不够，遑论‘大师’！”

辞“学界（术）泰斗”之称，季羡林称自己是被“打”成了泰斗，他说，“在人文社会科学的研究中，说我做出了极大的成绩，那不是事实。说我一点成绩都没有，那也不符合实际情况。做出巨大贡献的人很多。但是，现在却偏偏把我‘打’成泰斗。我这个泰斗又从哪里讲起呢？”

辞“国宝”之称，季羡林写道，“在一次会议上，北京市的一位领导突然称我为‘国宝’，我极为惊愕。到了今天，我所到之处，‘国宝’之声不绝于耳，我很疑惑。是不是因为中国只有一个季羡林，所以他就成为‘宝’。但是，中国的赵一钱二孙三李四等等，也都只有一个，难道中国能有十三亿‘国宝’吗？”

“三顶桂冠一摘，还了我一个自由自在身。”“一介布衣”季羡林，不愿意被称为“国宝”，正是他虚怀若谷的一个表现吧。

Tips

季羡林

聊城临清人，字希逋，又字齐奘。国际著名东方学大师、语言学家、文学家、国学家、佛学家、史学家、教育家和社会活动家。历任中国科学院哲学社会科学部委员、聊城大学名誉校长、北京大学副校长、中国社会科学院南亚研究所所长，是北京大学终身教授。

一代宗師

李苦禅 一生自称教书匠

莫雨

他是毛泽东同窗、齐白石首徒、黄胄密友、范曾恩师；张君秋敬他懂戏，侯宝林引为挚交，黄永玉认做知音，李连杰与之论武。此人是谁？——中国当代著名大写意花鸟画宗师、人民美术教育家李苦禅先生是也。

李苦禅的一生具有浓厚的传奇色彩，他是一个充满浪漫的革命热情和正义感的爱国志士，又是一个深受禅宗佛学思想影响的智者，古老的东方智慧使他对艺术对人生有更深邃的感悟，他还是一个精通中华武术与京剧的艺术家，武术的魂魄与京剧的神韵都融入他的画笔中，使他的绘画具有更丰富的内涵和喷涌不息的活力。一言概之，他的一生很苦，但是却禅意十足，正如其艺名“苦禅”所言。

李苦禅1899年出生于聊城市高唐县李奇庄的一个贫苦农家，取名英杰，字超三。1916年，十九岁的李苦禅进入位于山东聊城的省立二中，师从国画家孙占群习画，首先学画荷花。暑期来到北京，入北京大学“画法研究会”，从徐悲鸿学炭画，并受益于陈师曾、贺履之、汤定之等先生。1919年，他以省立二中学生代表的身份赴京，参加“五四”爱国运动。后来进入北京大学附设的“留法勤工俭学会”，半工半读。

1923年秋天，一个阳光明媚的日子，一个身材高大、壮实憨厚的青年学子敲开了北平西三道栅栏6号齐白石家的大门。一进门他就开口说：“齐先生，我很喜欢您老人家的画，想拜您为师，不知能不能收我。”齐白石见这位乡音不改的穷学生求学心切，又率直得可爱，当即应允了。这

位“莽撞”直爽的青年学子，就是后来的书画大家李苦禅。

李苦禅是齐白石第一位入室弟子，也是齐白石最得意的门生之一，齐白石与李苦禅的关系早已超出师徒，说亦师亦友完全不为过，甚至是一定程度上的艺术知己，齐白石直接以“仁弟”称呼李苦禅了。他1928年题赠李苦禅曾说：“苦禅仁弟画笔及思想将起余辈，尚不倒戈，其人品之高即可知矣。”认为“英（苦禅）也过我，英也无敌，若老死不事大名，是无鬼神矣”。

齐白石评价他：“众皆学我手，英（苦禅）也夺我心！”再言：“门人数百，独英尤殊！”

熟悉李苦禅画作的人都知道，他擅画花鸟，阔笔写意，笔墨雄阔，画风以质朴、雄浑、豪放著称。在济南趵突泉公园的万竹园内，有一座掩映在翠竹间的李苦禅纪念馆，常年展出大师遗作和生前收藏的书画文物400余件，其中有《红梅怒放图》《晴雪图》《墨竹图》《盛夏图》等精品。李苦禅84岁高龄时绘制的巨幅《盛夏图》面积达21平方米，在写意花鸟画史上极为罕见。

聊城高唐县是文化部命名的中国书画艺术之乡，也是李苦禅的故乡，在高唐县的鱼丘湖畔，也有一座李苦禅艺术馆，馆藏有李苦禅的《鱼鹰图》《松下苍鹭》《泼墨鸡竹图》等。如今，这座艺术馆成为人们陶冶情操、学习观摩的艺术交流场所。

李苦禅之子李燕谈起父亲时曾说，父亲一生自称教书匠，从来没以为自己是大师、教育家。李苦禅从艺从教六十多年，培养出众多学生弟子，国家授予他人民美术教育家之誉。他谨遵孔夫子之言，真诚施教，先育人而后学艺，从不保留，倾囊相授。

作为一代宗师，一生以教书匠自居，也是常人难及的大家风范吧。

Tips

李苦禅

聊城高唐人，原名李英杰，改名英，字励公。著名书画家、美术教育家。1923年拜齐白石为师。曾任杭州艺专教授、中央美术学院教授、中国美术家协会理事、中国画研究院院务委员。擅画花鸟和鹰，晚年常作巨幅通屏，代表作品：《盛荷》《群鹰图》《松鹰图》《兰竹》《晴雪图》《水禽图》。

迎
春

肆

手艺莫问出处 自有时光加持

物不在眼前，
而在手艺人的心中。
指下生花，
成就一个鸢飞鱼跃、活泼玲珑、
渊然而深的意境。
这种意境蕴含着劳动人民的智慧，
融汇成特有的民族气质和文化素养。

巧手捏出面里乾坤

张振兴

郎庄面塑

小时候，奶奶每次做馒头的时候，都会在最后留出一小块面，用来给我做一只面鸽子。蒸馒头的时候，我便围在锅边，眼睛直直地盯着锅里冒出的热气，一遍遍询问“鸽子什么时候能蒸熟”。

面鸽子的味道与馒头相比没有什么区别，却因为鸽子的形状，让我觉得它比馒头更香。蒸熟的面鸽子更像是一个玩具，要玩好久才舍得吃掉，吃的时候已经是硬邦邦的了，但是我那美好的童年时光因为有面鸽子的陪伴，竟带着甜丝丝的麦香。

对于聊城冠县北馆陶镇郎庄村的孩子们来说，他们的童年时光里不光有面鸽子，还有很多好看好玩的“面老虎”，又称为“郎庄面塑”。

郎庄面塑至今已有600余年的历史，据郎庄村村碑记载，明朝洪武年间，有郎姓兄弟从山西移民至此，立村为郎庄，后因“郎”字与“狼”字同音，太凶，有巧手村民便用面粉捏制“面老虎”来克制“狼”字，以求平安，后经发展，终成一项民间工艺品。20世纪80年代初，经山东省工艺美术学院鲍家虎先生考察论证后，正式定名为“郎庄面塑”。

Tips

郎庄面塑

郎庄面塑起源于聊城冠县北馆陶镇郎庄村，国家级非物质文化遗产。历史上，郎庄面塑多以小件、单件为主，长度3-5厘米不等。后来经过数代艺人的努力，面塑的捏制技术越来越精，种类也日益繁多，如今已有几百个品种、2000多种花色。面塑题材广泛，“哪吒闹海”“赵匡胤借头”“舞狮”以及老虎、金鱼、青蛙、瓜果、花篮等，应有尽有。

面塑大的有十几厘米高，小的只有几厘米，且取材广泛，十二生肖、历史传说、神话故事、花鸟虫鱼、菜蔬水果样样俱全，比如关公、八仙、哪吒闹海、金鱼等，色彩丰富艳丽，展现了古代劳动人民的聪明才智和生活向往。

做面塑首先需要将面捏制塑型，几把大小不同的剪刀和一把普通的梳子，再加上艺人灵活的双手就可以完成。捏制成型的面塑要入锅蒸制，蒸制有严格的火候控制：先用小火让水温保持在三十度左右，这是发面过程，为的是让面塑造型更加饱满；半小时后再用大火蒸熟，蒸熟的面塑造型饱满、体积感增强，最主要的是面塑形体得以固定。随后将面塑放到阴凉处晾凉，就可以上色了。

面塑能否传神，上色最

为关键。郎庄面塑的着色以红、黄、绿三色为主，其间以蓝白点缀，用色虽不多，但冷暖色差对比鲜明，最后用墨线细致勾勒，整体活泼跳动、绚丽多彩。为提高色彩的鲜亮程度，上色之前先刷一层水胶，刷完胶再刷黄色。以黄色打底，同样是为了突出面塑色彩的鲜亮，这也是一代代面塑艺人总结出来的制作经验。

做好的面塑型体饱满，十分传神，虽被叫做“小玩意”，入不得大雅之堂，却在百姓的生活中占得一席之地。2008年，郎庄面塑被列入第二批国家级非物质文化遗产名录。

现在郎庄面塑制作的代表性传承人是郎秀才，一位已经80多岁高龄的老人，庆幸的是老艺人目前收了一名弟子——喜爱剪纸的孙玉莲，使得面塑手艺后继有人。虽然郎庄面塑的传承遇到了挑战，但非物质文化遗产的光环却让郎庄人看到了希望。

剪下一片花雨 留住美丽乡愁

青艺

一到大年三十，我们家就开始在窗户上贴剪纸，无论剪纸上是什么图案，单是那鲜红的颜色，就让我感到无比喜悦与温暖。

杜甫曾在长诗《彭衙行》中这样写道：“暖汤濯我足，剪纸招我魂。”郭沫若也曾赞叹民间剪纸是“一剪之巧夺神功，美在人间永不朽”。

纸张与剪刀，最纤弱与最锋利的组合，却能催生出情感与生命。剪出的花草鸟兽，造型简练却生动传神，历史人物也是神态各异，妙趣横生。

在“中国民间剪纸之乡”茌平，剪纸以其粗犷豪放的独特风格和浓厚的地方特色，在中国民间剪纸艺术中自成一派。它最大的特点是不打底稿，心随意走，动剪成形，造型精确，线条流畅。

茌平的剪纸艺人遍布全县，从十几岁的小女孩，到七八十岁的老奶奶，几乎人人都会剪纸。今年64岁的吴东青，也是其中一员，她不仅是剪纸的爱好者，而且还是茌平剪纸第四代传人。

由于父辈爱好画画、剪纸，她从3岁开始就受到了剪纸艺术的熏陶，从此深深地爱上了这门手艺。“到现在搁不下了，闲不下来，一有时间就想摸剪刀。”对几十年来留存下的得意之作，吴东青都小心留存，如数家珍。

剪纸是个功夫活，讲求意境和渲染，细微之处见功底。吴东青说，创作一件作品，关键是构图，有的时候，创作一件剪纸成品，她仅在构图这个环节上就需要花费一个月的时间。

茌平剪纸展现的是当地人生活的真实写照，寄托着他们最真切的情感。民间嫁娶，没有一家窗户上不贴“大红月亮”“鸳鸯戏水”图案的；逢年过节时，象征五谷丰登、年年有余的“白莲红鱼”图案又会出现在窗前。

如今，为了让剪纸艺术更加深入地走进人心，茌平县启动了“剪纸艺术进课堂”工程，成立了“剪纸艺术研究中心”，加强对茌平剪纸艺术的普及和推广。

现在茌平的剪纸艺人已达3000余人，刀、剪在他们手中自由舞动，那剪下的一片片花雨，仿佛是他们想要诉说的美丽乡愁。

东昌木版年画
从古画到今

马文文

年画

New Year Paintings

東(dong)昌(chang)府(fu)

记忆里，逢年过节家中老人都要在家里张贴各种年画，为的是祈求来年风调雨顺、五谷丰登，可以说，年画寄托了人们对生活美好的愿望。

在聊城市东昌府区东大街东昌府年画社，年过六旬的徐秀贞正在制作年画。只见她拿起一把棕毛刷，在木版上熟练地刷上颜料，再从一摞宣纸中翻过一张覆盖在木版上，用“烫子”熨过，便完成了一个颜色的印刷。

徐秀贞的年画社就是一间年画殿堂，惟妙惟肖的十二生肖组图、恢弘大气的龙腾图案、传统的门神图案、雍容华贵的牡丹图……欣赏着这些精美的作品，似乎思绪已经飞回小时候，大门上张贴的一张张年画何尝不是一种年味儿的体现？如今，这样的习俗，正渐渐淡出人们的生活。

边欣赏，边听徐秀贞介绍起东昌年画的历史。民间工艺都有一套固定的流程，民间艺人非常重视恪守它的程式化，有些甚至近乎于对仪式的崇拜与遵从。这些流程都是师傅传下来的规矩，是保证手艺不走样并获得成功的先决条件。每一种成功

的民间工艺，在制作方法上都有自己的诀窍，从某种意义上说，这属于民间艺人的知识产权，因此他们在传承时也倍加珍惜，有些还对外人秘而不宣，像古东昌年画制作中的“熟版”工艺，印刷中的“双拉”等，都是艺人们实践的智慧结晶。

日复一日，每天天蒙蒙亮徐秀贞便出了门，或步行，或坐几站公交车来到年画社。太阳落了山，她才收拾好手里的活儿，踏上末班车回家。她自己也说，来了画室也不知道具体在忙些什么，但是满满一天基本没怎么闲下来过，不大的院落里每个角落都有老人留下的影子，一盆花草、一棵树木，抑或一幅作品，都饱含老人对艺术以及生活的无限热爱。

Tips

东昌木版年画

东昌木版年画与潍坊杨家埠年画并称为中国民间艺术宝库的艺术奇葩，代表着山东木版年画的东、西两大派别。东昌府木版年画的生产已有近300年历史。东昌木版年画具有年画、门神画合为一体的特点。构图简洁，整体感强；人物造型眼形窄长，鼻梁鼻翼瘦窄，形象丰满质朴；线条刚劲、流畅、圆润，弧中有直，柔中有刚；色彩柔和、鲜明、古朴，被列入第二批国家非物质文化遗产名录。

古筝第一名曲便是出自这里

文章

说到古筝，人们脑海中往往会联想到，一叶扁舟上温婉的乐师轻轻抚弄着琴弦，一首首曲子，声声入耳，沁入心脾。

几番周折找到了金氏古筝传承人李克超，在他的琴行，第一次听到了神秘动听的“古筝第一名曲”。

如何形容呢？它古朴典雅、声纯韵正，即便不懂古筝也能听出些许味道。其曲调不华丽，但以情感人。其效果重而不燥，急而不促，轻而不浮。演奏风格疏而有味，断而似连，刚柔相济，清浊协调。

“渔舟唱晚，响穷彭蠡之滨；雁阵惊寒，声断衡阳之浦。”李克超说，这支古筝界所推崇的《渔舟唱晚》便是古筝第一名曲，然而很少有人知道它是出自著名的金氏古筝代

表人物——临清金郝庄镇金西村金灼南之手。

古筝在我国分为五大流派，分别为山东流派、河南流派、潮州流派、客家流派、浙江流派。其中，山东流派分为一个大流派和一个小流派，大流派一般是指菏泽古筝流派，而小流派指的则是著名的金氏古筝。可以说金氏古筝将中国传统音乐的怡情养性和高古淡泊演绎得淋漓尽致。

金氏古筝在点、按、吟、揉方面为同行所青睐。临清市金郝庄镇自古就有着悠久的古筝演奏传统，系山东筝乐的发祥

Tips

金氏古筝

古筝在我国分为五大流派，分别为山东流派、河南流派、潮州流派、客家流派、浙江流派。其中，山东流派分为大流派和小流派，小流派指的则是著名的金氏古筝。临清市金郝庄镇是山东筝乐的发祥地之一，有两百年的流传历史，较早筝乐者有金玉亭、金灼南。金灼南曾赴江南几省寻师求访，集众家所长于一身，终成一家，世称金派。

地之一。根据古艺人年谱追溯距今，可考史料记载至少有两百年的流传历史。金灼南出生于书香世家，家中藏有琴、筝、箫等多种乐器，他自幼习字练筝，钻研律学、琴学、筝学，后曾赴江南几省寻师求访，集众家所长于一身，终成一家，世称金派。1912年他将流传家乡的《双板》《三环套木》《流水激石》三首筝曲创编成一首乐曲，取名《渔舟唱晚》，成为一首著名的筝曲，广为流传。

“几经演变，已难寻古人韵味。”李克超说，现代古筝很注重技巧，弹起来往往很快，而古代古筝讲究意境，节奏往往很慢。

现代古筝乐曲的创作一般都是有创作动机的，再加上弹起来技巧性很强，多为观众所接受。而古代筝曲的创作往往是随机性的，结合天时地利人和、阴阳调和等这些因素，古代古筝演奏者多为有感而发，弹起来很慢，但是很有韵味，现代古筝虽然观赏性很强，但是难寻古人的那种韵味。

现在每逢弹奏起古人创作的曲子，李克超总会情不自禁地置身其中，仿佛能梦回几百年前，触碰到那一段历史。

大运河畔有一朵艺术奇葩

木梓

八角鼓

聊城八角鼓，流传于山东聊城地区，曲调多以五声音阶为基础，音域跨度不大，节奏相对比较舒缓，并且常有哼腔出现，唱腔灵活多变，因此有“九腔十八调七十二哼哼”之说。

早期的八角鼓，源于关外，后传入关内，是满族人在关外牧居时的一种民间乐器，每当人们行围狩猎和劳动之余，常以八角鼓自娱自乐，庆贺丰收的喜悦。入关后，在驻防地或行军途中，他们也常击鼓高歌尽情演唱，以排解劳顿。

八角鼓，鼓身八角形，木制框架，直径17厘米，单面蒙蟒皮、驴皮或马皮，鼓形小巧玲珑。七面框边内各嵌两至三枚小铜钹，一面嵌钉柱缀鼓穗，寓意五谷丰登。鼓框用乌木、紫檀木、红木、花梨木和骨片拼粘而成，相传最早由满族八旗的八位首领各献一块最好的木料镶嵌而成，它的八个边象征着满族八旗的团结。八木相拼而得八角，所以叫作八角鼓。

演奏时，将鼓面竖置，以左手拇指、食指、中指伸在鼓框内，无名指、

Tips

聊城八角鼓

清代中叶，北京八角鼓流传到聊城一带，受到当地城乡居民的喜爱。当时，北京八角鼓也流传到济宁、胶州地区，分别称为济宁八角鼓、胶州八角鼓，后来统称为山东八角鼓，而聊城八角鼓是其重要支派，流传最盛。

小指托鼓，右手各指弹击鼓面而发音，音色清脆，优美动听。演奏技巧过去有“挝鼓十法”“击鼓五法”之说，常用的有坐、弹、垫、轮、搓、磕、分弹、簸等。弹击鼓面与摇震鼓身相结合发出的音响，更具特色。

聊城濒临大运河，清代中叶，北京八角鼓流传到聊城一带，受到当地城乡居民的喜爱，改用当地方言语音演唱，并吸收了多种民间小曲，以及河南鼓子曲的一些曲牌，逐渐演变成具有独特风格和地方色彩的曲艺形式，成为“山东八角鼓”。

最早传唱聊城八角鼓的是博平盲艺人褚连登，他擅长自弹自唱和巧变丝弦，后来习者渐多，流传日广。早期多是业余爱好者演唱。清代末年盛行以后，职业艺人渐多。除清唱外，又有褚连登的再传门人吴化侠、展永福开始将八角鼓唱段化妆演出，遂使聊城八角鼓具有了清唱段儿书与化妆彩唱两种演出形式。

吴化侠的弟子逯本荣（1885-1962），是聊城东昌府区刘营村

人，自幼酷爱八角鼓艺术，清光绪二十五年（1899年）年开始拜师学艺，天赋悟性极高，弹唱创作俱佳。最难能可贵的是，1938年，日军侵占聊城，逯本荣在极艰难的境遇中，在聊城广泛收徒教授八角鼓，培养出逯焕斌、马占奎等30多位艺人。

2013年，聊城八角鼓被列入山东省第一批省级非物质文化遗产名录，逯焕斌、李以章被命名为省级非物质文化遗产代表性传承人，2010年商刚、王瑞海被命名为区级代表性传承人，并由东昌府区文广新局成立两处八角鼓传习所。聊城工业学校成立了八角鼓社团，请专业老师进行八角鼓传统曲目的教学，并向全校师生推广。

聊城八角鼓流传至今，已经有200多年的历史。在各方的努力下，聊城八角鼓的复兴指日可待，相信在不远的将来，这朵大运河畔的“艺术奇葩”必将重新绽放出灿烂夺目的光彩。

牛筋不是吃的 是用来系的

马文文

牛筋，即牛身上的筋也，富有韧劲。很多人一听到“牛筋”二字便会想到美味的“爆炒牛筋”，这回你错了，此牛筋非彼牛筋，这牛筋不光能吃还能系呢。

在聊城，要是说起牛筋腰带估计都不会陌生，特别是上了年纪的老者，腰上系的十有八九都是这牛筋做的腰带。特别是炎炎夏日，牛筋腰带以其独特的编织工艺，让人系上之后感觉格外清凉透气。

得天独厚的优势造就了这门精妙的手艺。牛筋腰带的原材料就是出自鲁西独有的鲁西黄牛，精选鲁

乾隆带

西优质上等牛皮及牛筋为原料，经多道独特的民间传统工艺精心手工编制而成，相传就连乾隆皇帝都喜爱有加。

和牛筋腰带打了几十年交道的张元杰也是聊城牛筋腰带制作技艺传承人，张元杰说这小小的牛筋腰带可有大故事呢，它曾作贡品献于乾隆皇帝，制作它是一门具有百年历史的传统民间工艺。

牛筋腰带源于清乾隆年间，由聊城一位民间老手艺人首创，是聊城民间百年特产。史料记载，乾隆皇帝曾多次下江南，其中一次途经聊城，登上光岳楼，当时的地方官员以牛筋腰带作为珍品进贡，倍受乾隆皇帝喜爱，后来，乾隆皇帝将此赏赐给有功大臣佩带。为此，牛筋腰带还被民间称为“乾隆带”。

牛筋腰带作为一种传统的手工艺品，以疏密得当的点线，构成简洁明快的图案，舒展大方的造型，配以黑或深棕的色调，给人以古朴大方的美感，深受人们喜爱，现在不光在聊城有一定市场和口碑，还远销北美、东南亚、日本、韩国等国家和地区。

来聊城吃饱逛美后，给自己给家人买一条乾隆爷都爱不释手的牛筋腰带作礼物，岂不美哉？

先有临清砖 后有紫禁城

小璐

每一批砖从进窑到出窑，都要用猛火足足烧一个月，灶里的火从早烧到晚，不能停，砖窑里始终火光通红，精壮的窑工们赤裸着上身，脊背上的汗珠闪着黑亮的光。每次从窑里拉出一车砖，土人般的窑工便喝上一瓢凉水，抹一把汗，然后又进入窑里，他们要为紫禁城建造夜以继日地烧砖。

1403年，通过“靖难之役”夺取明朝政权的燕王朱棣在南京登上皇帝宝座。由于他镇守北京多年，深知北京在军事上的重要地位，决定迁都北京。北京此前曾是元朝的都城，城墙大多是土垒，1406年，朱棣下令推掉元朝的土垒城墙，建造新都北京。

要建新都城，就必须有砖，经过多方对比，决策者决定在临清建造贡砖烧制基地。临清烧制青砖始于汉代，规模较小，不为世人所瞩目。之所以选择在临清烧制贡砖，是因为当地有一种“莲花土”，细腻无杂，沙黏适宜，适合烧砖；临清砖烧制大多以豆秸为燃料，烧出的砖青黑透绿，成色好；此外，临清在运河边上，交通比较便利。

上好的临清砖，有“击之有声、断之无孔，不碱不蚀”的特点，这也是官府对贡砖的要求。一窑砖中成色最好的砖也只有半数符合官府的要求。经过层层筛选，检验合格的砖会用黄纸覆裹，朱砂印戳，再装船北上。

新北京的建造如火如荼，临清砖自然成为朝廷宠儿，供不应求，即使专门运砖的船日夜兼程，还是赶不上大拆大建的速度。为了提高运输速度，降低运输成本，朱棣拟了一道圣旨：船每百料（船料是船只大小的一种计量单位）带砖20块。从此一直到清朝末年，运河上的大小船只，便都有了带砖北上的义务，如果不带则需要交纳额外的税。

贡砖成了商船、客船、官船、民船的“牌照”。满载了货物与贡砖的船离开临清后，一路北上，到达通州张家湾或天津时，他们就可以把贡砖卸下，在装卸过程中，贡砖会被再复检一遍，合格的便会转陆路运进京城，不合格的则被留在张家湾或者天津。

历史的车轮滚滚向前，清朝入主中原后，定都北京，继承了明朝的皇宫，对临清贡砖的需求量越来越多。经考证，明长城、故宫、天坛、地坛、日坛、月坛，九门城楼、钟鼓楼、文庙、避暑山庄、圆明园以及王公府邸，全都是用临清贡砖修建的。

为了保证贡砖的烧制不受干扰，

明清两代政府都给予窑户一定的特权。每处窑场门口都划有禁区，场门两侧竖立着御赐的虎头牌和黑红棍（清代时还赐窑户黄马褂）。虎头牌和各级衙门所用的虎头牌无异，凡有私闯砖场或在窑场闹事者，用黑红棍打死不用担责任。

如今，经历了几百年的巨变之后，用临清贡砖建成的紫禁城由皇宫禁苑变成了公共博物院，每年有800万名中外游客在此，发思古之幽情。如果你也去过故宫，你一定见过甚至踩到过临清贡砖，经过几百年的风雨侵蚀，它们仍完好无损地支撑着紫禁城。正如在临清流传很广的那首民谣："临清的贡砖，北京的城，相隔八百里，漕运六百年，紫禁城上有临清。"

Tips

临清贡砖

制作临清贡砖是中华传统手工技艺，这些砖至今不碱不蚀、敲击有声，500多年中，临清烧造贡砖时间之长、数量之多是中国任何地方无法比肩的。北京故宫、天坛、地坛、日坛、月坛及各王府营建中所用的临清贡砖比比皆是。明十三陵、清东陵、清西陵等皇家陵园营建中所用的"寿工砖"也由临清烧造。此外南京中华门城墙、玄武桥，曲阜孔庙，德州减水坝，张秋镇荆门、阿城、七级等闸坝等处也相继发现临清贡砖。

来武术之乡 结识英雄豪杰

马小骉

聊城，昔日的东昌府，坐落于广袤的鲁西平原绿荫环绕的古运河畔，远在春秋战国时期，聊城就已“筑城屯兵为齐要地”，不少诸侯争霸于此。古称聊城“居天下之胸腹”“战守必资此处”。质朴、豪放、英武、粗犷的聊城人，以酷爱武术且功底深厚而著称，故聊城享有“武术之乡”的美誉。

聊城武术文化源远流长，拳种门派众多，技术形态各异，颇盛行的武术流派中，主要有少林、二郎、查拳、八卦、

梅花、大小洪拳等，多达20余拳种。其中，查拳起于唐朝安史之乱时期冠县张尹庄；潭腿源于五代之际的临清龙潭寺；二郎拳兴于宋代桐城；梅花拳于明末清初传于阳谷；肘捶始于道光年间的临清。还有冠县的滑拳、腿拳、母子捶、八卦钩镰剑，东阿的孙膑拳等等，都属于稀有和罕见的拳种。至清末，演练拳棒，习武自强之风兴盛，仅在平县拳场即多达800余处。

时至今日，在聊城的大街上，也时常可以看到各色武校的身影。公园的练功场地上，小至几岁的孩童，长至花甲老人，他们或衣袂飘飘仗剑而立，或刀光霍霍声势夺人，娴熟敏捷的拳术、虎虎生风的器械，令围观群众喝彩不断，让人不禁感受到“武术之乡”的魅力。

打起鸳鸯板 听段《武松传》

小南

“当哩个当，当哩个当，闲言碎语不要讲，表一表山东好汉武二郎……”在山东人的记忆里，伴随着“当哩个当，当哩个当”的鸳鸯板声，山东快书《武松传》曾让多少人如醉如痴。

山东快书艺术源远流长，历史悠久，你可曾知道，其实山东快书最早的起源地就是聊城临清，现已有100多年历史。据史料记载，清光绪年间的落第举人，滞留在古运河边的临清，由一部《武松传》起家，山东快书诞生了，后经历代艺人加工传唱，逐渐被传至南京、上海等地。

山东快书形式灵活，手里一副鸳鸯板，打起来就能表演。它用山东方言演唱，朴实粗犷，很有气势，极具地方色彩，尤其适合在工厂、农村、部队开展业余演出活动。

“山东快书是从河里来的。”这里说的不是一般的河，而是贯穿南北的古运河。临清、济宁都是运河上的大码头，南来北往的行旅客商云集之地，俗称“沃土”。

艺术史告诉我们，文学艺术的繁荣是在百花争艳中得以实现的。一种艺术形式涌现各种不同流派，也是在竞争中得以实现的。诸家并存，流派兴起，彼此竞争，相互借鉴，既是文学艺术发展的动力，也是臻于成熟的标志。

山东快书在众多艺术的流派中，算得上是一种极为接地气的存在，不与花争艳，不随时间枯萎，在山东这片“沃土”中扎根成长。

Tips

山东快书

山东快书是起源于山东的传统曲艺形式，已有一百多年的历史。它最早流行于山东、华北、东北各地，解放后发展遍及中国。演唱者手执竹板或鸳鸯板，以快节奏击板叙唱，故又名竹板快书。

伍

最爱聊城味道

东昌府的呱嗒刚出锅，
燕店烧鸽还在热油里滚着，
高唐的驴肉火锅呼呼冒着热气，
临清的八大碗已经端上了喜桌……
如果你忍不住尝了鲜，
时光会将味道烙在味蕾上，
美食，成为我们对这座城市集体的记忆。

酒
酒
王氏茶坊
武记烧饼

八批果子胜油条

✎小北　📷毕冉

因为工作的缘故，我常需要在不同的城市逗留。每天的午餐总是吃得匆匆忙忙的，什么省事儿吃什么；每天的晚餐基本上是应酬餐，客户说了算，我根本做不了主。

值得庆幸的是，每天无论多忙，早上 9 点之前我是空闲的，这意味着早餐我可以自由选择。

工作之初，每到一个陌生的城市，我的内心是排斥的，不安排工作以外的外出时间，早餐基本上都在酒店吃。每个城市酒店的自助餐大同小异，吃着吃着就腻了。

随着年龄的增长，我开始对陌生的城市产生好奇，于是早上便成为我认识这个城市的时间，各式各样、各色各味的早餐，便成为我体验不同城市生活最直接的方式。

每天早上，从酒店出来，步行到附近的小区，小区边上一定会有早餐摊，一定有一个摊卖油条。每个城市虽然都有油条，但是名字、形状、颜色、味道、吃法却大不相同。

在天津，油条被称为“果子”，早餐一定要吃煎饼卷油条制成的煎饼果子；在郑州，人们喜欢用新炸好的油条，搭配胡辣汤或者豆腐脑在上海，油条和大饼、豆浆、糍饭团并称传统早餐的“四大金刚”，糍饭团用糯米蒸制成饭，然后裹油

条包捏而成。“四大金刚”有两种涉及油条。在杭州，人们用薄饼卷油条和葱段，在平底锅上压扁并烤制，做成“葱包桧”，吃的时候可以涂抹上甜面酱或辣椒酱；在广州，人们用肠粉卷着油条，淋上酱油就可以吃，也可抹上辣椒酱和甜酱。

山东是我待得比较多的省份，每个城市油条的形状和吃法都差不多，多是配上粥或胡辣汤。让我印象深刻的是聊城，早餐除了油条外，还有一种叫八批果子的东西。

聊城卖八批果子的早餐摊也卖油条，两种东西用同一种面，在同一个油锅里炸。我曾细细端详过八批果子的做法，跟油条没啥大区别，唯一不同的可能是油条一般是两股的，而八批果子是八股的，每两股两端相连，形成椭圆形，四个椭圆黏在一起就做成了。当地人告诉我，八批果子通俗点说就是八根一起炸的油条。

我觉得，八批果子虽也可以说是油条，但是其与油条却有一些不同，口味也不一样。因为八批果子比油条细，炸的时候比油条用时长、用油多，口感更脆。当地人说，正宗八批果子的酥脆程度是“落地碎不可拾”。

在聊城吃八批果子，也不像吃油条时那么随意。八批果子有“套”和“泡”两种吃法。套着吃就是将烧饼豁开个口儿，夹上果子，用手一捏，边喝粥，边吃套果子，刚出锅的果子，酥脆喷香，入口即化，再喝上口热粥，香软不干。泡果子则另有一番风味，酥脆的果子泡到粥里，由脆变韧，香味不减，再就上小咸菜，有滋有味。

八批果子

老豆腐的家乡味道

林芬达　　毕冉

“民以食为天”，自古以来，每一个有着悠久历史的地方都有着流传至今的传统名吃，而每一种传统名吃都有一种令人无法忘怀的家乡味道。

大学期间，室友总喜欢把高唐老豆腐挂在嘴边，“一周最少要吃两次老豆腐，才会觉得心安。”每当她说出这句话时，我总是觉得矫情，鸡皮疙瘩洒落一地。后来，一次偶然的机会，室友带我去了一趟高唐，一碗高唐老豆腐便消除了我曾对她“矫情”的误解。

高唐县滨湖路上，一家不到 40 平方米的店铺里，每天都有近千人进进出出，有的成双成对，有的携家带口，只为了一碗心心念念的老豆腐。室友说，一个油酥烧饼、一个茶叶蛋、一碗高唐老豆腐，是这家店的早餐标配，也是高唐人多年来形成的生活习惯。

据说，这家店已经开了 24 年，店老板每天早上三四点钟就起床，先将精选的黄豆打磨豆浆，再用 100℃的沸水煮浆，待浆汁退温后，将其装入桶或缸内，并用食用石膏点化封口，20 分钟后雪亮洁白的老豆腐就形成了。但忙完豆腐还不够，还得忙卤汤。

老豆腐

16种中草药跟葱姜酱等佐料合在一起，才能熬制出看起来很油、吃起来不腻却很香的汤汁。

“高唐老豆腐，虽然被称作老豆腐，但它一点都不老，比肉还鲜嫩。”原本我对室友这句话还是半信半疑的，但一口下去，那种嫩嫩的、滑滑的感觉，已经让我忘记自己吃的是豆腐了。有辣味而不呛，有肉味而不腥，吃一口老豆腐，再嚼一口油酥烧饼，简直就是人间美味。

难怪室友常说，外地人到高唐，不喝碗老豆腐总觉得遗憾；在外工作的高唐人回到家乡，宁可不在餐馆雅座吃饭，也要到街头路旁喝碗老豆腐以饱口福。

“高唐老豆腐的味道是独一无二的，是只属于高唐的味道，离开久了就会想念。”室友说，因为懂得这种乡愁，她邻居家的阿姨硬是坐高铁，给在北京工作的“馋嘴”女儿送了份饱含家乡味道的老豆腐。

虽然时间节点不停地在变换，但老豆腐所饱含着的家乡味道早已深深埋在了高唐人的记忆里，这份特殊的情感，就像一份浓浓的乡愁，牵绊着离开家乡的人们。无论多久，无论多远，他们都会有再来一碗的冲动。

呱嗒一声 呱嗒来了

嗡嗡

在聊城，随便一条胡同小巷，便能寻觅到“呱嗒”的身影。很多聊城人的一天是从吃一口呱嗒开始的，刚出炉热腾腾的呱嗒，拦腰切开，露出雪白的蛋清、金灿灿的蛋黄，夹杂着香飘四溢的肉馅儿，有肉有蛋，外酥里嫩，那叫一个香。

呱嗒，这是一种煎烙的馅类小食品，馅料有肉类馅、鸡蛋馅，还有肉蛋混合馅。卖呱嗒的老板说，这肉蛋混合的呱嗒，还有一个风雅的称号，谓之“风搅雪”。

聊城呱嗒有名，尤以沙镇呱嗒最为有名。

关于呱嗒名字的由来有多种说法，还

有一个有趣的传说。相传沙镇东街的杨氏家族，从山西老家带来祖传煎肉饼的绝活，郑板桥到范县做县官时经过沙镇，便前去亲自尝尝。郑板桥正对着锅前一个生肉饼专心致志地看时,被身后的人撞了一下,他的一只手正好把一个生肉饼压扁了。老板舍不得扔掉，便自己把这个被压扁的肉饼煎熟吃了，顿感味道特别，照此又煎了几个，照样很香。后来，老板根据当时郑板桥压生饼的声音和形状，为其取名为呱嗒。

时至今日，呱嗒已有200多年的历史。其实，现在很多城市都可以见到呱嗒的身影，作为山东聊城的地方传统名吃，食之香酥，味道可口，备受人们喜爱。

乾隆皇帝赞不绝口的那口腐乳

✎来福

那红红方方的一小块腐乳上点上两滴香油，新出笼的大馒头，从中间轻轻裂开，腐乳夹到馒头里，抹匀，然后用手捏实，一口咬下，入口鲜香难挡，有一股酒香直奔鼻腔，随后而来的是绵柔糯滑，就如丝般滑爽。由于手艺娴熟，咸淡适中，让人欲罢不能，食欲大开，吃起来确实让人过瘾。

提到聊城临清的特产，进京腐乳算是叫得响的一个。腐乳这东西全国各地都有，为什么临清济美酱园的腐乳别具一格？这腐乳为什么又冠以“进京”二字呢？

临清进京腐乳，至今已有 200 多年的历史，因在清道光年间畅销京城而得名。据传，清乾隆帝乘船沿运河南下，曾在临清凤凰岭下船，地方官员把济美酱园的红豆腐乳献上，深得喜爱。临清进京腐乳滋味鲜美，咸淡适口，质地细腻，颇受欢迎。

走进济美酱园腐乳制作工坊，李师傅正穿着工作服，戴着口罩手套，将自

然发酵好的腐乳装缸。好吃的进京腐乳，做法也相当考究。腐乳选用当年优质大豆为主要原料，经过浸泡、腐糊过滤、煮浆、点缸、压榨、切块、培菌、腌制、拌曲、装缸、发酵等 19 道工序加工而成。

李师傅说，他一干就是二十多年，传统的制作工艺得到一代代传承，这是现在机械化操作所不能替代的。从前腐乳和臭豆腐，不过是底层百姓的稀罕物，属于寒俭一类食物。现在日子富足了，每到寒冬腊月，老街坊老邻居们仍然忘不掉那腐乳的咸香滋味儿，在小小的一块腐乳中，或许人们忘不掉的也是那穷苦岁月里的一点回忆和温暖。

Tips

临清济美酱园

创建于清乾隆五十七年（1792年），位于临清城西北地段运河东畔，与河北省仅一河之隔，两省交界、地势繁华。数百年滔滔运河水，流淌出临清盛极一时的繁荣，也给这座古县带来南北文化的众多融合，济美酱园的形成就得益于此。现在，临清段的古老运河早就断航，济美酱园却延续至今，成为一家有着200多年历史的传统老字号。

聊城市临清市西门里街136号

老舍爱吃铁公鸡

聊城熏鸡，又叫魏氏熏鸡，聊城北关魏家所产，由魏永泰在清嘉庆十五年（1810 年）研制，至今已经传到第六代，有 200 多年的历史。

魏氏熏鸡常温下三四个月不会变质，且造型美观、色泽栗红、嚼后余香、四季宜食，深受人们的喜爱，“远香斋”也因此而远近驰名。

魏氏熏鸡还有一个名字叫“铁公鸡”，是老舍先生给起的“雅号”，这其中还有一段趣闻。

1935 年，著名教授萧涤非在青岛收到一位在聊城任教的朋友寄来的包裹，打开一看是 4 只做熟了的整鸡，黑乎乎、干巴巴的，很不起眼。当时天气炎热，这些熟鸡在邮寄途中捂了很多天，却没有变质。

一天，老舍先生邀萧教授下馆子小酌，萧教授就把鸡带去交给堂倌切开装盘。谁知，那鸡一经切开装在盘中就大为改观了，不再显得那么黑、干、瘦得难看了，而是色泽光亮，香味扑鼻。老舍先生在品尝中说：“别有风味，生平未曾尝试。”他问萧教授这是什么鸡，萧教授说不出名字，于是让他帮忙取个名字。老舍先生略一思索，便说：“这鸡的皮色黑里泛紫，还有点铁骨铮铮的样子，不是很像戏里那个铁面无私的黑包公吗？干脆就叫铁公鸡！”

接着，老舍先生又引申开来，从济南大明湖铁公祠说到铁铉铁汉子的故事，说：“山东既然有铁公祠这一名胜古迹，管它叫铁公鸡，不也就表明它是山东的特产了吗？”此事一时广为流传成为佳话，聊城魏氏熏鸡也因此被人们唤作“铁公鸡”。

1959 年，萧教授途经聊城，发现魏氏熏鸡店在抗日战争时期就关门了，颇感遗憾。后来，他发表文章说：“希望恢复这一山东特产，也希望为纪念蜚声世界文坛的‘人民艺术家’老舍，能够保留这个别名——‘铁公鸡’”。1984 年，魏氏熏鸡第五代传人魏立申带领儿孙重操旧业，并吸收新的技术，使得这一历史名吃重放异彩。

魏氏熏鸡有两种吃法，做茶肴和酒肴。做茶肴即喝茶的茶点，可将鸡肉撕成两寸长，撕出极细的纤维，搁至瓷盘之上，蓬蓬的如肉松。做酒肴下酒时，鸡肉就必须撕得短一些、粗一点，喝酒时，咀嚼就更加筋道。

如果给老人和孩子吃，应该把魏氏熏鸡上锅蒸一下，通常10-20分钟即可，蒸的时间越长，肉质会越松软。如果年轻人吃，直接撕成细丝即可食用，非常有嚼劲，越嚼越香。鸡骨切莫丢掉，放在锅里煲汤，无需添加任何辅料，白水烧开熬出白白的汤（和鱼汤一样）即可饮用，味道浓香，非常好喝。

Tips

聊城魏氏熏鸡有限公司

聊城市凤凰台南路西北首

13863558258

此品只应天上有 人间能得几回尝

高士新

在聊城市高唐县，每年六月初六，子女会按风俗给父母送“饼卷肉”，以示孝心，饼卷肉里卷的是驴肉。当地人招待客人时也有“无驴肉不成宴”之说。

高唐驴肉久负盛名，以尹集镇的老王寨驴肉为首，老王寨驴肉加工已有300多年的历史。

相传清朝康熙年间，文坛领袖王士禛来高唐省亲，其外甥朱缃（著名诗人，和蒲松龄相交最契）召集文人墨客设宴恭迎，并奉上老王寨驴肉让众人品尝。众人品尝后皆赞叹不已，称为人间肉类极品。

王士禛在席间赋诗两首，写出来后悬挂在酒楼里。其一曰：“高唐古齐地，盛产良种驴。膘肥体也壮，毛色亮如月。王氏技绝伦，几代传此艺。配料几十种，制作多道序。晶莹又清香，肉精纹丝细，汤鲜尚不腻。爽滑世难作，名士独此品，相聚皆称奇。翰墨真情至，云烟落笔底。”其二曰：“佳脍开坛满庭香，骚人搁笔费评章。此品只应天上有，人间能得几回尝。”

据史料记载，乾隆皇帝下江南途径高唐，吃了当地官员奉上的驴肉后，觉得神清气爽，龙颜大悦，称赞道：“高唐驴肉果然名不虚传，可谓地上驴肉，人间极品”，于是将驴肉列为宫廷御膳。

高唐李振华驴肉是老王寨驴肉的典型代表，其驴肉加工精细，过程复杂，方法独特。加工而成的驴肉，呈酱紫色，清香鲜美，香而不腻，烂而不散，具有活血、降压、滋补益身的作用。其祖传的老王寨驴肉制作技艺被列入聊城市非物质文化遗产名录。

Tips

高唐李振华驴肉

高唐县人和办事处人和路东首G105路东

13969593178

宁食天上一两 不食地上一斤

景田儿 徐建彬

一提到聊城莘县的燕店，人们脑海里就会溢出一股浓香，口水直流，肚子里的馋虫便开始躁动不安，恨不得生出一双翅膀飞过去解解馋。这一切的“罪魁祸首”，就是那只香嫩酥脆的烧鸽。

鸽子营养价值很高，远超家禽，中国民间有“一鸽胜九鸡”的说法。鸽子的做法很多，以烧鸽最为香嫩可口，燕店的烧鸽堪称一绝。

位于莘县城伊园街西首路南的范怀梦烧鸽店是当地做烧鸽比较知名的老店，该店的烧鸽选用肥嫩优质的本地无公害无添加剂家鸽，经烧煮高温杀菌精制而成。其制作工艺独特，入口香脆，不腥不腻，被收入聊城市非物质文化遗产名录。

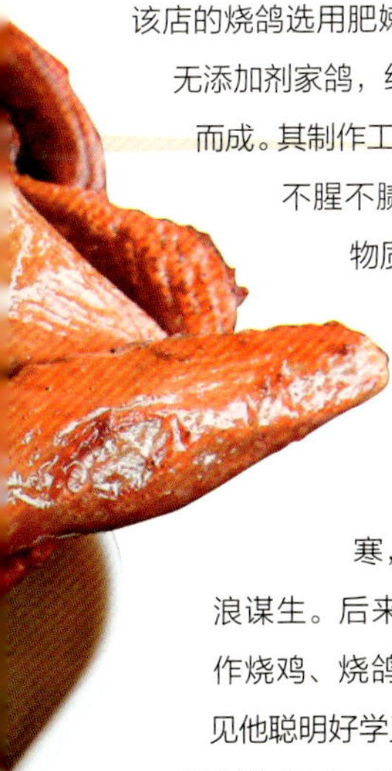

烧鸽店的老板范怀梦，是土生土长的燕店人。由于家境贫寒，他12岁时外出流浪谋生。后来，河南濮阳范县制作烧鸡、烧鸽很有名气的黄国柱见他聪明好学又心地善良，就慢慢把制作烧鸡、烧鸽的秘方及整套工艺传授给他。

回到家中的范怀梦，在秉承传统工

艺的基础上，研制创新出现在的脆皮烧鸽。这种烧鸽以生长28-31天的乳鸽为主，每只不少于9两，肥瘦适中，经过独具特色的秘方卤过之后，再进行炸制。炸制的时间和油温都十分讲究，才能既保住了鸽子的营养又增加了乳鸽的鲜美。

刚烧制好的乳鸽颜色金红闪亮，只只香嫩肥美。吃烧鸽一定要用手撕，一口咬下去，随着香脆的外皮“咔嚓”一声，鲜美的肉汁溢出来。口感香嫩而不失鲜味，连骨头都是香的，让人吃后满口流香，回味无穷。

烧鸽的美味不仅引来了当地的回头客，更让越来越多的外地食客慕名而来。范怀梦烧鸽店的烧鸽成为了当地的“特色名吃”，世界名厨、国际烹饪艺术大师、香港著名烹饪大师杨贯一还曾题词“宁食天上一两，不食地上一斤”，来赞誉其美味。

好一朵肉石榴 隔皮见馅

伟伟

临清老城区的特色风貌被较好地保护下来，当地人世代传承的生活方式和美食都得以完整保留。沿着老运河遗址，便找到了航通食庄，这里的烧卖本地人都赞不绝口。

用筷子夹起来一只小烧卖，其皮柔软而有韧性，整只垂垂似悬胆，汤汁饱满，置于碗碟中团团如花儿般。咬一口，汤汁四溢，细细咀嚼，美味顿时环绕唇齿，蘸点陈醋，一口气吃掉一笼都不成问题。

烧卖，最早源于北方，随后传往南方。人们所熟知的糯米烧卖便是南方烧卖，而北方的本土烧卖则以荤食为主。临清烧卖，以肉馅为主，卖相颇有点像小笼汤包和饺子，按照当地人的说法，就是开了口的饺子，蘸着醋吃格外鲜美。

洪桂珍已经78岁高龄，作为聊城市非物质文化遗产——临清烧卖制作技艺的传承人，老人将其毕生最宝贵

的面点手艺都传给了侄女洪霞。

“临清烧卖最妙之处就是那不起眼的烧卖皮。”洪霞边介绍边演示，她用烧卖锤把面皮砸成荷叶型，面皮和面粉在洪霞的指尖翻飞，面皮的边就有了波浪的感觉。做烧麦和面也很有讲究，不全用面粉，要放入三分之一的淀粉，这样烧卖皮蒸熟了看起来晶莹透亮。

刚出锅的烧卖形如一颗颗小石榴，皮薄如蝉翼，隔皮见馅，馅香鲜嫩，不腥、不膻、不腻。其口感和天津狗不理包子颇有些相似，历史上，一条运河系住了临清与天津，这两座城市在文化和美食方面都有着千丝万缕的渊源，明代中期，天津被世人赞誉为“小临清，赛淮安”。清末，临清败落，民国时期再度兴盛，又被世人称为“小天津”。

延传百年的临清烧卖，是临清面食行业的四大名吃之一，也是临清人世世代代都喜爱的一道美食，因为它承载的不仅仅是一道美味，更是临清人对历史的深深敬畏。

Tips

航通食庄

聊城市临清市青年桥北侧

15315795188

我有炊饼 你有酒吗？

太白

武大郎“失恋”了，可他的炊饼却一直在线。

假期，跟好友游走了一趟景阳冈。熙熙攘攘的人群中，随处可见的“武大郎炊饼”旗帜在风中飘扬。我很好奇，这个“武大郎炊饼”到底是什么，竟然能流传近千年?

于是，我驻足在一家炊饼店想一探究竟，店里卖炊饼的是个大叔，他身穿青布袍，头系黄丝绦，打着杏黄旗，旗上大书“武大郎炊饼”。他自称来自武大郎的故乡阳谷县，他所卖的炊饼就是武大郎当年与潘金莲开夫妻店时的“同款”，原汁原味，绝对正宗。

“除了炊饼，我们还有潘金莲咸菜，二者配着更好吃。”虽然店家的话让我半信半疑，但最终我还是买来品尝。**这里的炊饼是空心的，将潘金莲咸菜放入其中果真恰到好处，炊饼酥而不腻，咸菜甜而不齁。**

我以为我寻到了武大郎炊饼的踪迹，正准备拍照留念时，朋友却告诉我，武大郎的炊饼其实只是馒头，潘金莲咸菜其实也不是潘金莲发明的。炊饼与咸菜的故事，也只是后来人根据他们的“爱情故事”发明的。

据说，在宋朝，凡是用面粉做成的食品，都可叫饼。烤制而成的叫烧饼，水煮而成的叫汤饼，笼中蒸成的叫蒸饼。宋仁宗名赵祯，为了避皇帝名讳，所以人们

才将蒸饼改称炊饼。

《水浒传》中，也多次出现武大郎卖“炊饼”的字眼。第二十四回，郓哥和武大郎商量捉奸时，就曾说到：明朝便少做些炊饼出来卖，我自在巷口等你。仅这一回中，先后提到了八次“炊饼”。

虽然身材矮小、面相丑陋，但武大郎有着一双善于揉搓的巧手。面粉经过他的揉搓后，最终都会变成了白白的、大大的、圆圆的、软软的、绵弹可口的炊饼。一做完，他便起早贪黑地卖炊饼，日复一日，年复一年，从未间断。

然而，正所谓“商场得意，情场失意”，虽然他做的炊饼很受欢迎，在阳谷县小有名气，但自己却始终得不到潘金莲的青睐。爱饼如命的他，也只能无奈地拿炊饼来收买郓哥：“好兄弟，你对我说是谁，我把十个炊饼送你。”

而今，近千年过去了，武大郎炊饼还是不绝于耳。只是，炊饼已不再是馒头，貌美如花的潘金莲也成了一种咸菜的代言人。

清风拂“面” 最是夏日好味道

韩冬 徐建彬

对于很多人来说，烈日炎炎的夏季不仅又闷又热，空气里还弥漫着几分聒噪。对于我而言，夏季却是味蕾苏醒的好时节，可以品尝很多只属于“热浪”季节的美食，比如冰镇西瓜，再比如“十香凉面”。

我的"凉面记忆"就跟"西瓜记忆"一样，它出现在儿时的夏季，至今仍深深地镌刻在我的生命里。记得小时候，最喜欢跟表哥表姐一起去姥姥家过暑假，不仅仅是因为我们终于可以在一起肆无忌惮地打闹玩耍了，更是因为姥姥经常为我们做清爽可口的"十香凉面"。

以前我总以为，是因为姥姥爱做凉面，所以我才特别爱吃凉面。直到有一天，我走进聊城汇金街与凤凰台路交叉口的一家凉面小店，才知道其实世界上并没有那么多的"原生喜爱"，却有太多的"爱屋及乌"。

"十香凉面"因十种食材而得名。黄瓜丝、西红柿、胡萝卜丁、豆角、茄丁、肉丁、花生米、豆芽、鸡蛋、蒜泥，绿的青翠欲滴，红的鲜艳夺目，黄的金光灿灿，白的水润通透，十种颜色各异的食材来一场精彩的聚会，每一种都经过不同的方法烹饪而成，这样它们才能在一碗凉面中"各司其职"又"相辅相成"，让人垂涎欲滴。

当然凉面最重要的主角还是面，为了让面吃起来更加筋道，店家每次都会在面里添加适量的鸡蛋和盐，多了或是少了，都不是那个味。把面调配好，就可以下锅了。刚出锅的面是软的，放在凉水里浸一浸会更加有嚼劲。当五颜六色的配菜与饱满筋道的面条组合在一起时，一道"十香凉面"才算完成。

听店家讲完"凉面"的"出生故事"，我才知道，原来色香味俱全的辅料，需要烹饪十次；原来面条的加工过程要经过这么多道程序；原来几分钟就能吃掉的一碗凉面，需要经过几个小时的制作；这才忽然明白：原来，姥姥常做"十香凉面"，并不是因为喜欢做，仅仅只是因为我爱吃。

正如在寒冷冬夜中，没有什么能比一碗热汤面更让人感到幸福和满足，从炎炎夏季的一碗"十香凉面"中，我吃到的不仅仅是面，还有我小时候不懂的"人之常情"和"世之常理"。

Tips

十香凉面

聊城市东昌府区汇金街与凤凰台路交叉口

10：00-15:00　17:00-21:00

你若无肉不欢 不妨约一下八大碗

琉璃 毕冉

元朝末年，京杭大运河会通河段开挖，聊城的临清地处要塞，成为北上进京、南下苏杭的必经之地，此后繁荣兴盛500年之久，有“小天津”的美名。

商业的繁荣，流动人口的聚集，使得临清美食云集，融汇了多地的餐饮风味。第一次到临清的时候，当地的朋友边咽着口水，边给我形容临清美食之多：“不说别的，单说早餐，可以连吃一个月不重样。”

可惜，我跟早餐无缘，到临清的时候已经是中午，因为工作原因，午饭后就得离开。朋友为我这样的安排觉得惋惜，因为这意味着我这个“吃货”将错过诸多美食。

为了让我的首次临清之行不那么遗憾，也让我对临清美食有个好的印象，朋友带我去吃了临清家喻户晓、妇孺皆知的美食——清真八大碗。我不知道用怎样的词汇去形容它的美味，只是当敲出“清真八大碗”这几个字后，我自己的口水便流出来了。

肉！肉！肉！肉！肉！鸡肉！丸子！肉！

以上是我第一次见清真八大碗时最真实的感受！八个大碗里盛满了汤，汤里堆满了各种肉，凭着肉的外形，我只认出了鸡肉，还有一碗是不知道什么肉做成的丸子。

“这是烧肉，这是清炖羊肉、松花羊肉、圈巧阁、黄焖鸡、清氽丸子、黄焖肉、杂拌。”朋友转着桌上的玻璃转盘，一样样给我介绍着，转完一圈后，他又转了一圈，让我尝一下每一样菜。八个大碗里汤和肉各有滋味，一圈下来，饭量小的女同事就已经吃饱了。吃肉的时候稍微感觉有点油腻，但是喝完汤之后，油腻感消失了，满口的香味。

清真八大碗距今已有 700 多年的历史，最早出现在军队中。古代打仗的时候，士兵为了适应紧迫的战争环境，预先将牛、羊肉等食物，通过炖、炸、蒸等方法，加工成熟制品，以备行军打仗之需。每到开饭时，火头兵架锅烧汤，将预先备好的熟肉、蒸闷子等熟制品，用热汤水一浇，便成了一碗可口饭菜。

数百年间，经过厨师的不断创新、完善，逐渐形成了如今的清真八大碗。

清真八大碗是临清人喜庆聚会时的必选菜，也是平时人们常吃的美食。吃清真八大碗时，可以根据吃饭的人数和个人的喜好，选择吃其中的几种，很多人早餐的时候也会吃。

有一点需要注意，在临清还有个“九大碗”，也叫“经堂席”，一般是用来办“白事”的。“九大碗”，是在“八大碗”的基础上去掉“杂拌”，添上“羊尾烩海带”和“烩全羊”。

COFFEE

陆

在东方威尼斯 沉醉不知归路

总有一个这样的所在，
可以把喧嚣的世界关在窗外，
安静地居于一隅，
从身体到心灵，得到休憩。
音乐、休闲、旅行、读书……
如果你热爱生活，
就会在这里，遇见另一个自己。

从前·漫里 品一品人生

大米 徐建彬

“从前的日色变得慢，车马邮件都慢，一生只够爱一个人……”在生活节奏越来越快的今天，木心先生在《从前慢》里描绘的慢生活，勾起了很多人的回忆，也让人产生了无限遐想，若是再过回从前的慢生活该多好。

在聊城的古城内，有一家推崇慢时光的咖啡厅叫作从前·漫，店里采用归本主义风格，中式建筑的高横梁、方格木窗、原木方桌椅等元素，使得整个咖啡厅呈现出简约的质感。灯光很暗，舒缓低回的音乐把店里的时光慢慢往回拉。在这里，时间可以由你的心情去支配，喝掉一杯咖啡的时间，可以是十分钟，也可以是一个下午。

店里负责煮咖啡的姑娘从前是名花艺师，煮咖啡之余，她跟店里的小伙伴种了很多绿植，还把店里的角角落落放上了别致的花束，搭配上木质的椅子和朴素淡雅的桌布，咖啡厅里便能嗅出一股田园的味道，给人轻松愉快的感觉，甚至有客人会说这像是一家花店。

除了像家花店，这家咖啡厅还像一家书店。

店的一楼大厅里有大大的书架，上面摆满了书，来到店里的人可以自在读书。除此之外，店的角角落落里也放着书。店里的书有的是老板买的，有的则是老板的朋友们送过来的，很多书甚至是“孤本”。因此从前·漫便有了“小藏经阁”的雅号。

阳光慵懒的午后，约上三两好友，走进从前·漫，喝杯咖啡，说说从前的故事和未来的打算，岁月静好，友谊不散。或者独自前来，找一个靠窗的位置，窝在宽敞的沙发里，捧一本书，无视街上来去匆匆的人们，不被嘈杂的喧嚣声所围绕，只是活在自己想要的时光里。如果当时阳光正好，你慢慢睡着了，就会做一个香香的美梦。

村上春树说：“有时，人生不过是一杯咖啡所萦绕的温暖。”也许是被这样的情怀所吸引，有人会选择在从前·漫求婚，牵手另一个人去享受人生中的温暖与美好，许下一生只爱一人的承诺。

有类似于求婚、庆生这样的活动时，从前·漫里的店员们会变得很忙碌，他们像密友一样给来的人创造一份浪漫的惊喜和甜蜜的回忆。

Tips

从前·漫咖啡

聊城市东昌府区古楼南大街南城墙北50米路西

0635-8287786

9:00-22:30

春风十里 不如懂你

✎娜娜

📷徐建彬

一直想找一个有酒，有茶，有咖啡，有音乐，还有书香的所在，终于在古城外，我遇见守护了东昌湖 9 年的“我们”。

“我们”是一家咖啡店，一家低调、毫不张扬的咖啡店。结识了这家咖啡店，就像结识了一个朋友，更像拣了一个大便宜。

这家店里没有花里胡哨的摆设，没有菜肴，没有果盘，就连稍微有点装饰作用的花朵，也并不都是鲜花，店里随处可见被风干了却依然“向死而生”的玫瑰、雏菊。如果将“我们”比作女人，她当属粉黛不施、素面向人的那一类，虽比不上大家闺秀，但总归是良家女子，不争不抢，安安静静。

金姐是这家咖啡店的老板，跟她的咖啡店一样，不争不抢，“你走我不送你。你来，不管多大风雨，我都会接你”。跟大多数人一样，金姐年轻时也很喜欢旅游，很喜欢能让自己身心放松的小店，但聊城却没有一个这样的地方。

于是，退休后的金姐，开起了聊城的第

一家独立咖啡店，因为她很喜欢、很有感触的一个节目叫《我们》，也因为想让跟她一样的人能有个家庭、工作之外的放松空间，在朋友的建议下，她给咖啡店取了“我们”这样一个名字。

咖啡店不大，桌子也就几张，高大的绿色盆栽植物，养得很茂盛，成了桌子之间似有若无的掩映。店里也没有服务员，所有的咖啡都是金姐一个人现磨现泡的。如此质朴、纯真的咖啡店，却让人感觉特别有味道，那些怀旧的老物件，总能让人想起几件记忆深处的往事。

吧台的右前方，有两张木质桌子，金姐说这两张桌子，其实是朋友家二十世纪四五十年代的门板。在历经风霜后，看似无用的门，却又优雅、复古地出现在这里，等待无数个想给心灵放假的人们。它不仅承受过岁月无情的洗礼，而且还承载着太多的故事。

在桌子的一角，金姐制作了一个简易的“时光记忆”盒子，只要愿意，来这里的每个人都能把对自己的寄语写在纸上，然后放入其中。时光不老，盒子不散，它可以帮你寄存最私密的心事，最温情的故事。然后，隔段时间，你还可以再回过头来，打开盒子看看曾经的自己。

不仅如此，这里还是个适合发呆的地方，靠窗的座位，正对着湖面，水上风雨阴晴的不同景色，就足够看上半天。如果一个人坐得实在累了，架子上还有杂志和书籍，不多，但充实，随便取来一本，就可以翻上一阵。

金姐说，这里每天都会有很多你不认识，但可能跟你很像的人出现。

不知道是咖啡店成全了金姐，还是金姐让咖啡店活成了自己的样子。不以赚钱为目的，也不迎合任何人，9年来，“我们咖啡”跟金姐一样，一直以一个“知心大姐”的姿态迎接着所有需要它的人。

Tips

我们咖啡

聊城青年林路南首1号

时光记忆

旅行 / 摄影 / 餐厅

做个有调调的餐吧

Bu Zhuo

✎ 悠哉

“80 后”文艺女青年小米，以前是个自由惯了的摄影师，四处走走，跑遍大千世界去记录美好真实。说到美食和摄影，小米的眉宇间写满了幸福，她说：“第一次吃到最地道的意大利菜，便下决心，要带回来给同样热衷美食的食客们。”

起初开这家“不浊”餐吧，小米的想法很简单，就是给自己和朋友一个可以聚会聊天的地儿，大家可以在这里吃到最好的美食，在这里，大家也酝酿出很多有意思的出行。

可能就是这份纯粹，造就了“不浊”现在的火爆，越来越多的食客、拍客们闻着味儿就从四面八方寻到了这里，大家或被美食、或被氛围、或被更多的诱惑吸引到这里，成为小米常来常往的熟客。

很多人第一次来会迷路，因为餐吧藏得太隐蔽了，繁华的街道，拐进一排老旧的居民区，继续拐上几个小弯儿才能寻到。小米笑着说，“不浊”也被人理解为找“不着（zhuo)”的意思。

酒香不怕巷子深，小米认为，即便是个餐吧，也会有自己的脾性，或许它会有选择地想要认识一些“有缘人”。辗转找到，会费些力气，但会让你发现柳暗花明的美好，一见如故的清新。

整个院落被小米装点得生机勃勃，她在这个静谧的小院里，创新不同种类的菜品，研究更多精致的摆盘，悠哉悠哉乐在其中。在不忙的时候，小米也会给前来用餐的食客拍拍照片。不大的院落做背景竟也拍出了些许大片的味道，照片中，或明媚或幸福的身影，让人看后只感觉清清爽爽，又暖人心脾。

这里让人不经意嗅到一种温暖甜蜜的味道，把疲惫放下，感受全身心的放松。小米说：“不浊每天都是新的开始。”

画意私塾：涂抹好时光

梦飞　泡桐树下

总觉得会画画的女生比较文艺，曾不止一次幻想，在阳光散落的窗台，手握画笔，在画板上随意画些什么，引来闺蜜的啧啧赞叹。可惜的是，我从来没学过画画，似乎也没有这方面的天赋，幻想便一直都只是幻想，直到无意中闯入了一个叫作画意私塾的地方。

画意私塾是聊城首家成人零基础画室，主人是个地道的聊城女孩，眉宇间却有着几分南方妹子的秀气。因为画室的名字，来这里的人都称呼她为“画意”，渐渐地也就忘却了她的本名。

画意自幼学画，艺术专业硕士毕业后，曾就职于北京两大著名的美术馆，后来辞

职回聊城，创办了这个画室。画室每周有两节课，学员需提前预约，有课的时候她就教课，没课的时候就四处去看画展，活得洒脱自在。

虽然叫“私塾”，但这间画室却不是一个传统意义上的绘画培训机构，来这里学画画的基本上都是成年人，没有任何绘画基础，也没有很强的目的性，有的只是一颗想画画的心。画意说，创办这间画室就是想给自己一个画画的地方，交一群喜欢画画的朋友，帮助更多人重拾儿时执一支画笔的梦想。

每节课，画意会让学员自己选择主题去画，她教给学员一些绘画技巧，帮助他们完成想要的东西。在她的帮助下，学员一节课就能完成一幅画。下课后，学员可以将自己的画带走留作纪念。

为了帮学员留下画画时的美好时光，画意上课的间隙，会给学员拍一些特写。在她的朋友圈，经常会看到一些手握画笔的美女。她说，画意私塾可以称为“高颜值绘画室”，因为来这里画画的很多都是气质型美女，都有追求美好事物的纯粹的心。

当然，来画室的也不只有美女，还有各种各样有趣的人。画意遇到的年纪最大的学员是一位78岁的老先生，幽默风趣，儿子怕他无聊，给他预约了画意的课，一节课下来，老先生玩得很开心。

“画意私塾，以美济心”。画意希望，走进自己画室的人，远离市井的喧嚣，不受俗事的叨扰，有的只是单纯的灵魂和孩子般的笑容。大家在这里可以遇到志同道合的朋友，信马由缰……

Tips

画意私塾

聊城市全聚德南200米路西

风吹过的时候
在这里等你

✎ 天天

这家颇有文艺范儿的素食餐厅位于聊城市一条热闹街道旁的小胡同内，很有大隐隐于市的感觉。老板是个文艺女青年，喜欢文字，热爱花草，酷爱美食。

走到餐厅门前，大门牌匾上写着歪歪扭扭的三个大字——等风塘。老板说："之所以起这个名字，就是把三个我很喜欢的字组合在一起罢了。牌匾上的店名并不是什么大家的题字，就是我儿子刚学会写字时写下的。"

这三个字对于老板而言有着一些独特的意义。

等——无论是意义还是字面，都表达着随性、不强求。在人生的每个阶段做自己该做的,并安心等待,万事随缘而来。

风——坐在餐厅窗口发呆，它就吹进来了。

塘——这个院落很小，就像老板记忆里小时候成长的环境，有花有树有一个不大的池塘，有跟爷爷奶奶生活在一起的样子。小小的院落，也是她对童年的敬意。

餐厅是一栋老式的二层居民楼，木质桌椅，老式家具，

精致的餐具杯碗；两面大大的书架上摆满了她读过的各类书籍，随处可见的绿色植物在这个不大的小院里肆意生长。其实，如果哪个角落你实在不知道该怎么去装饰，书和植物是最好的选择。

你可以在悠闲的午后随手拿上一本书，来杯清爽的薄荷柠檬，嗅着花香享受下午的美好时光。或者，值得高兴的夜晚邀上两三个好友一起来这吃吃饭、喝喝酒、聊聊天。

在这里，每天都有形形色色的客人，慕名前来品尝美食，你来我往间，时间在一点点推移和沉淀，很多素不相识的陌生人成了朋友。老板笑着说："时常感叹时光匆匆，曾经来店里喝过咖啡的年轻姑娘，有一天突然带着自己的宝宝来店里吃美食，才恍然已认识多年，这难道不是一件很有趣的事么？"

她说："我们都在一点点地成长，在每个年龄段去做自己想做的或者该做的事情，随遇而安吧……"

Tips

等风塘

聊城市闸口东关民族小学斜对面馆驿口胡同28号

13606350808

品一品舌尖上的義安成

温怡

在聊城运河沿岸清孝街上，遇到一座别致的院落。院内，拱形的木质廊桥下清水潺潺而过，秀丽的小山与翠木清新玲珑，含蓄而婉约的庭院中透露着几丝北方人的朴素硬朗。定睛一看，原来是有“聊城市非物质文化遗产保护单位”之称的义安成鲁菜馆。

清朝光绪年间，在县衙漕粮房任职的高凤仪创办了义安成老号，高氏家族有了名为“义安成”的饭馆，当时饭馆内就有了招牌菜肴和名厨坐镇，这便是高氏踏入“食界”的里程碑式的第一步。高氏厨艺历经百余年，一直恪守传统秘技，选料严谨，讲求原汁原味、绿色养生，商道公正合宜，烹饪精益求精。

说起义安成鲁菜馆的特色菜肴，首先一定要提的就是“空心琉璃丸子”。小丸子中蕴含大学问，此菜为鲁西传统名菜，起源于东昌府，因而被视作东昌特产。它的原料极为普通，

但对烹饪技艺的要求极高，与其他地方的空心丸子在制作工艺上有着本质的区别。东昌琉璃丸子内部不添加任何受热融化的原料，完全凭借对面性、油温的把握制作而成，代表了东昌传统烹饪技艺的境界。东昌空心琉璃丸子，表面光滑剔透，没有芝麻等其他点缀，纯净而酥脆甜美，令人垂涎不已。

在原有老菜谱的基础之上，义安成鲁菜馆的掌门人精心钻研，将传统大席菜进行改革创新，令其口感更为细腻，造型更为精致。“冬瓜鱼馄饨”“油爆腰花”“九转大肠”等多种迎合消费者口味的特色菜品越来越多地摆在餐桌上。加之其亲民的价格，使这些精致的非遗菜品逐渐飞入寻常百姓家，让更多普通老百姓切实感受到传统非遗菜肴的魅力。

Tips

义安成鲁菜馆

聊城市东昌府区清孝街30号

0635-8229078

周一至周日

10:30-14:00　17:00-21:00

聊聊这座城 品品鲁西菜

✎小王子

如果说一座城市有一座城市的性格，那么美食就是最能体现城市性格的载体。经过几百上千年的流传，一座城市的水土、历史、习性、偏爱全部凝聚在餐桌上。若吃一顿饭的功夫就可以了解一座城，在聊城，就一定要去东昌湖边上的运河会馆看一看，这里被聊城人亲切地称为“会客厅”。

走进运河会馆，这里颇有点古色古香的韵味，各种碑刻、古迹、字画、佛像琳琅满目，每件包间的房门安装的都是老式木门，大厅的角落里还摆放了老式自行车、干农活的工具，置身于此，老聊城的历史底蕴在这里被展现得淋漓尽致，各类古朴装饰尽收眼底。这里不仅看到了中国历史悠久的传统民间艺术木版年画、各种形象传神栩栩如生的茌平剪纸，还有人称“六尺胡同”仁义胡同的画像，刻形饱满极具造型之美的葫芦雕刻……这些聊城“老味道”都在这里得到很好的呈现，每一处每一景儿都让人忍不住驻足。

除去独具特色的外部环境，这里的菜品也比较精致，低调的鲁西菜虽不惊艳，却有种家的味道。翻翻运河会馆的菜谱，各类美味菜肴让人不禁垂涎，“缠丝豆腐”“灯碗肉”“白扒鱼串”“爆双脆”“炒腰花”“溜肝尖”“老虎鸡子”等，做法、口味均有独到之处。或许女士们应该更喜欢鲁西菜，鲁西菜里面的甜菜也别具特色，“蜜汁荸荠丸子”制作精细，造型古朴典雅，口味甜脆清香，“琉璃粉脆”“空心琉璃丸”制作技艺独特，成品像水晶，如珍珠，金光闪射，绚丽玲珑，确是厨师的精巧之作，让人有把每道菜都点一遍的冲动。

孩子们最爱吃的糖醋黄河鲤鱼也是运河会馆大厨的拿手菜，只见师傅先将鱼身割上刀纹，外裹芡糊，下油炸后，头尾翘起，再用上好老醋加糖制成糖醋汁，浇在鱼身上。此菜香味扑鼻，外脆里嫩，且带点酸。品着美味菜肴，赏着窗外的运河美景，再温一壶小酒，此情此景，已经不能用惬意来形容。

说了这么多，喜欢美食的人估计都垂涎三尺了吧？到了江北水城，坐下来一起聊一聊聊城的历史，好好品一品地道鲁西菜，感受时代变迁中智慧的双手创造出的地道美味，真是美哉，妙哉。

柒

快节奏里的慢生活

生活在快节奏的都市，
行色匆匆停不下脚步。
为了那颗不甘平庸的心，
奔赴一场未知的旅途。
人在花中走，香雪满枝头；
采菊东篱下，林泉伴我行。
纵然你走遍万水千山，
水城这边风景独好……

東阿藥王廟

吃货们有福了 品完阿胶看风景

✎ 张敏敏

“万户喜鹊吉祥地，千年阿胶福寿乡”。相信很多人跟我一样，第一次知道聊城东阿县，是因为阿胶。一方水土一方风物，千百年来，东阿与阿胶相互成全，阿胶因为产自东阿而得名，东阿因为阿胶而扬名。

尽管如此，一直吃阿胶的我，却没有去过东阿县。

2017年热播的历史古装电视剧《军师联盟》，让作“七步诗”的曹植又火了一把，多少人在爱慕他才华的同时，忍不住心疼他的命途多舛。曹丕称帝之后，曹植被一贬再贬，居然被贬到了山东东阿县，封“东阿王”。

查了一下历史资料，229年12月，这位年轻的贵族在凛冽的风雪中赶往东阿，他丝毫没有封王的喜悦，虽说是一方之王，但是整日被人监视着，准确地说，他是被软禁在了东阿。

刚到东阿时，他郁郁寡欢，骨瘦如柴，病得很重，后来听从当地百姓的建议，服食阿胶，身体变得康健，于是感念而作《飞龙篇》，将东阿出产的阿胶称作“仙药”，称赞说“授我仙药，神皇所造。教我服食，还精补脑。寿同金石，永世难老。”

有曹植代言，我便再也坐不住了，趁着周末，从济南赶到了聊城东阿县，在当地朋友的陪同下，来了一场阿胶之旅。

阿胶的应用已有近3000年历史，历来被誉为“补血圣药”“滋补国宝”，与人参、鹿茸一起被誉为“中药三宝”。为弘扬阿胶近3000年历史文化，山东东阿阿胶股份有限公司投资兴建了中国阿胶博物馆，这是我国首家以阿胶发展为主题的博物馆。

走近中国阿胶博物馆，馆内环境优雅古朴，文化氛围浓郁，珍藏的道光、咸丰年间的贡品阿胶，民国总统府专用阿胶等珍贵历史文物让人大开眼界。即便是心不在焉地走马观花，从博物馆出来，也会对阿胶这一传统医药瑰宝从先秦到现代在临

床应用、滋补养生以及工艺生产方面的演变发展史有个大致的了解，就算记不住这些，也一定会得出一个简单的结论——阿胶是个好东西。

工业旅游产生于20世纪50年代的欧洲，最早源于法国，这个国家不仅将酿酒、香水、服装业等普通生产企业对游人开放，就连汽车、飞机和火箭制造业每年也要接待几十万的游客。在中国阿胶博物馆旁边，有目前国内中药行业最大和唯一的健康特色工业旅游产业园——阿胶世界，这里以健康旅游养生体验为核心，展示了东阿阿胶各种产品的生产过程，我们还品尝了很多正宗的阿胶产品。

早在唐朝，开国大将尉迟敬德奉唐太宗之命，拍马赶到东阿，以钦差大臣的身份把东阿古井封存起来，并宣布以后此井之水只能供皇家炼制胶所用。唐太宗的这一举动，说明阿胶药效的秘密也许就在这口东阿古井里。

这口东阿古井就在以阿胶文化为主体的东阿阿胶城里，古井旁的炼胶坊里，可以看到制胶过程中的挂旗、擦胶、晾胶、翻胶、印字等环节，了解道地阿胶之美。阿胶城旁边是药王山，药王山旁便是充满神话色彩的洛神湖，这湖因曹植的《洛神赋》而得名。

逛吃逛吃，到了晚上，返回阿胶城里

的福寿宫，可以吃一顿热气腾腾、极具当地特色的驴肉火锅宴。福寿宫是一个类似四合院的宅子，精致而典雅。火锅是一人一份的小锅，用驴骨汤作为锅底。“要健康喝驴汤，要长寿吃驴肉”，所以吃火锅前可以喝点汤。这里的驴肉都取自东阿黑毛驴，肉质新鲜。驴肉被细分为脊肉、颈肉、肋肉、腿肉、腱子肉等，每一片肉都薄如蝉翼，涮30秒就能吃了。

在返回济南的途中，皓月当空，我不禁想，也许曹植初到东阿时是不开心的，但是在此地为王三年后，他却决定死后埋葬于此，足以见他对东阿的喜爱和眷恋。

Tips

中国阿胶博物馆

山东省聊城市东阿县阿胶街78号

8:30-17:30

岁月悠悠 古树苍苍

张静

几千年前，黄河改道入海，留下了辽阔的黄河故道，形成一片狭长荒芜的沙滩地，寸草不生，沙尘飞扬。为了免受风沙之苦，人们在一座座沙丘四周植树造林。桑椹树因其耐瘠薄、生命力顽强、可食用等优点，从众多树种中脱颖而出。

在聊城市高唐县泉聚苑养生休闲旅游度假区，就有一片种植于宋明时期的古桑椹树，千百年来，它们抗高温、耐盐碱，吮吸着老黄河遗存下来的“乳汁”，守护、养育着高唐的儿女。现存的1000余株古桑椹树中，500年以上树龄的居多，最古老的一株有750年的树龄，可以说是当之无愧的树王。它就像一位沧桑的老人，见证历史的变迁。

在桑椹树园旁有一座亭子，叫作“重八亭”，是度假区内的观景台。提到这个亭子，还有一个和明朝开国皇帝朱元璋有关的传说。

朱元璋是安徽凤阳人，相传他曾在一次征战中突遭大批敌军追杀，慌乱之中与自己的随从走散，为了躲避敌军追杀，身受重伤的他便独自一人一直往东走，直到进入高唐县境内发现一片桑椹树林。这里的桑椹树枝干粗大，枝叶繁密，他便躲藏在树干上。

因为身中数箭，他不得不倚靠在树干上屏住呼吸忍受着剧痛，而这时神奇的事情发生了，桑椹树裂开一个大洞将朱元璋的身体裹了个严严实实，直到敌军离去，他才从树洞里慢慢爬出来，为此朱元璋对这片树林充满了感激之情。

时隔多年他又重回高唐县，为报答桑椹树林对他的救命之恩，于是修建了一座亭子，并用他的幼名“重八”给这座亭子命名。

一代又一代高唐人听着桑椹树林的故事长大，也在桑椹树林里书写自己的人生。

国画大师李苦禅的老家在桑椹树林的正西十公里处，少年时的李苦禅去高唐县城上学，这里是必经之路，每当路过此处，少年李苦禅总被古桑椹树的形态各异和枝叶茂盛所吸引，不时临摹起来，忘掉了疲倦。后来李苦禅到了北京，仍对这片古桑椹树林念念不忘。这就是“苦禅临桑”典故的来历。

Tips

高唐泉聚苑养生休闲旅游度假区

高唐县汇鑫办事处陈庄西

人在花中走 香雪满枝头

晴雯

“漫天飞雪的日子，一定要约喜欢的人，出来走走，从村子的这头走到那头，回家后，发现彼此一不小心就手牵手，走到了白头。”陈昂的现代诗《漫天飞雪的日子》，打动了很多人的心，冬日飘雪的时候，很多情侣便刻意一起在雪里走，寻求诗里的“牵手白头”。

若是无雪的春季，如何“牵手白头”呢？不妨去冠县梨园中走一走。梨花素有“香雪”之称，清代文学家李渔曾赞梨花曰：“雪为天上之雪，梨花乃人间之雪；雪之所少者香，而梨花兼擅其美。”

在开满梨花的树下走，既不会太冷，也不会弄湿头发，还伴有丝丝的清香，更有不会融化的“白头”。梨花的花语是“纯真的爱，永不分离”，给人一种能开到天荒地老的感觉。

之所以推荐冠县梨园，是因为这里的梨园历史悠久。据史书记载，早在汉武帝时期，冠县梨园的鸭梨就已名扬四方。梨园里百年老梨树遍布，四季都浪漫如画：春天梨花盛开，堆雪铺玉；夏天枝繁叶茂，碧波万顷；秋天硕果累累，飞甜流香；冬天苍枝婀娜，诗画遍地。

梨园以具有300多年树龄的“梨树王”为中心，设计了梨王宫、结义园、梨仙居、百草园、亲情园、观花园、御宿园等十三个景观。

相传一个秋高气爽的日子，东汉开国皇帝光武帝刘秀率领文武百官来到冠县梨园，走到一棵高大的梨树下，有个梨子突然从树上掉下来。于是，他命人又从树上摘下一个品尝，这一尝不要紧，顿觉满口生津、唇齿溢香。刘秀赞道："此真乃梨之王也！"说也奇怪，那树遂枝摇叶摆，好像在谢恩，因此那棵树就被称为"御封梨树王"。

历经近两千年，"御封梨树王"原树几度枯衰。但神奇的是，每次干枯之后，都会在原处萌发新芽。长大后，总是挺拔繁茂、高大异常，从不失王者风范。现在这棵"梨树王"，已经不知道是第几代"树王"了。

光武帝刘秀封了"梨树王"之后，自然不能让它成为"孤家寡人"，在随臣的提议下，他又按自己朝中的"编制"，一并册封了梨树王国，也就是现在梨园里的"梨王宫"，其中"后、妃、将、相"，一应俱全。"梨树王"南侧的两株便是"左右梨相"。

在两千年的悠悠岁月里，"梨树王"和它的"后、妃、将、相"一起经历着风吹沙打、兵荒马乱，一起见证着冠县梨园的盛衰枯荣。"梨树王"的子孙们，曾以浓密的枝叶，为农民起义军遮风挡雨、避敌藏身；曾以甘甜的果实，为遭遇荒年的穷苦百姓填充饥肠、解饿止渴。

梨园里还有很多故事和传说，百岁卧龙、八仙聚、梨园三君子、五子救母……这些故事和传说在一代又一代梨乡百姓中口口相传，如果你们走累了，不妨在梨树下坐一坐，听听这些与梨园有关的故事。

Tips

冠县梨园

冠县兰沃乡韩路村北

0635-5660566

选天地五行浴
还是四大美人汤？

✎ 咖啡

“春寒赐浴华清池，温泉水滑洗凝脂。侍儿扶起娇无力，始是新承恩泽时。”喜欢泡温泉，也许是因为白居易的这首《长恨歌》，字字句句读着很舒服，就像泡在温泉里的感觉，舒适惬意，身心都是安静的。

稍微翻一下历史，不难发现，喜欢泡温泉的帝王不在少数。帝王泡温泉的历史可追溯至西周时期，周幽王在骊山修建“幽王城”和“骊宫”，沐浴处“上无尺栋，下无环墙”，昂首见星辰，被称为“星辰汤”。后来，秦始皇在骊山修了温泉宫，汉武帝时期又进行了扩建。

魏晋南北朝时期，帝王对温泉的偏爱有增无减，帝王们泡温泉的事儿全被记在了《魏书》中。以节俭朴素著称的隋文帝也不能免俗，对泡温泉情有独钟。唐代帝王酷爱温泉，频繁游幸温泉宫，尤以唐玄宗为最。到了清代，康熙、乾隆二帝除多次外出巡游外，还常以治病、疗养和狩猎为目的巡幸温泉。

在古代，为满足帝王康体保健、休闲娱乐的需要，人们在一些环境优美的温泉地建起了行宫，供帝王游幸。如今，很多温泉建设延续古代的习惯，选在远郊一些风景优美、生态怡人的温泉地，比如位于聊城冠县马颊河林场的天沐温泉。这里的设

计颇具汉风唐韵，古朴典雅，泡温泉的间隙，还可以享受马颊河林场独有的森林野菜和野味。

在中医五行理论里，肺属金、肝属木、肾属水、心属火、脾属土，五行足则五脏安康，富贵长寿。中国古代称天地加金木水火土，为七星，称皇帝为脚踏七星，龙驾天下，代表人间的美满。按照这样的理念，天沐温泉修建了天地五行浴区，以天地五行命名，分了金运池、木运池、水运池、火运池、土运池、天日池、地月池七个功能区，人们可以按照自己想要护理的部位泡相应的泉池。

对于很多女人来说，泡温泉就想像杨贵妃一样，肤若凝脂，保持青春貌美。针对女人美容养颜的需求，天沐温泉修建了四大美人汤，通过精研古代四大美人美容养颜的古方，结合现代温泉的功效，研制出美容秘方，使得女人在泡温泉的时候，可以实现润白、润香、润妍、润肤的疗效。之所以称为“四大美人汤”，是因为这些特色池里有几味中药的成分，像药

汤，人们说所说的“泡温泉汤”，大体也是这个原因。

天地五行浴和四大美人汤都是室内的温泉，天沐温泉室外的温泉也很惬意。密林的摇曳旖旎与温泉的含情脉脉，清风的去留随意与高云的极目流转，在泡温泉时都会一一呈现在你面前。

无论是白雪纷飞的冬季，还是骄阳似火的夏季，只要你到了聊城，都可以邀三两好友一起，远离疲惫与喧嚣，坐享氤氲暖泉，与密林共舞，等清风入梦。

Tips

聊城天沐温泉

聊城市冠县马颊河林场

9:00-00:00

168元 / 人

冬日里寻一处暖心之所

文心

古往今来，文人墨客与温泉结下了不解之缘，或沐温泉以养生，或浴温泉以疗疾，或泡温泉以吟诗，或游温泉以作赋，留下了许多故事。古人对温泉都欲罢不能，不禁让我们更加神往了。

Tips

阿尔卡迪亚温泉

聊城市东昌府区湖南路

0635-5181818

已是秋末，天气渐渐变冷，抛开城市的喧嚣，和三两朋友驱车驶向阿尔卡迪亚国际温泉，开始了一天愉快的温泉之旅。阿尔卡迪亚位于东昌湖西南畔，距东昌湖仅一路之隔，公路两旁早已是浓浓的秋色，间或有点点的紫、黄、红色的小花依然灼灼地盛开着，更增添了街道的妩媚。

走进阿尔卡迪亚，这里的设计颇有些江南园林的味道。来到温泉区，诺大一个泳池尽显眼前，水色碧蓝，泳池边栽种着各色热带植物，青翠欲滴、绿意盎然，仿佛置身于热带雨林的自然景色之中，缓缓地滑入池内，一股暖流霎时传遍全身，氤氲的热气弥散在四周，泉水柔暖而顺滑。那份惬意、欢畅由心底而生。

沉浸温泉池中，弥散的热雾模糊了视线，蒙眬的视野中，享受着温热泉水的爱抚，微闭双目，深深呼吸着清新的空气，仿佛一切都静止了。不知不觉中，暮色悄悄地染浓了树梢，近日的疲惫与劳累早已在温热的泉水中消散开去，心情也变得明朗而快乐。

采菊东篱下 林泉伴我行

孟佳

徐建彬

小时候，特别喜欢荡秋千，每次一见到秋千，就会不依不饶地让爷爷推着我荡来荡去。姜堤乐园里的秋千，在风中摇荡，让我想起了很多年前的一个午后，我在秋千上快乐地荡来荡去，爷爷站在一旁慈爱地守护着我。

童年的记忆太多，在姜堤乐园里仿佛都能找到。记得小时候，一到暑假，我就喜欢跟小伙伴们一起去别人家的果园“偷”摘水果吃，有的时候还会因为“分赃”不均而闷闷不乐，现在回想起来还觉得好笑。如今，那个小女孩长大了，就再也没有去“偷”摘过水果，因为姜堤乐园里就有百亩果园，桃、杏、梨、苹果、山楂、李子、葡萄应有尽有，妙的是这些水果可以随便采摘、随意品尝。

除了果实，每年的四月，这里的樱花、梨花就会竞相开放。盛大的“樱花雨”和“梨花雨”，在小桥流水间显得格外浪漫，无论是邀爱人还是好友同行，那种感觉都是极好的，单是樱花轻吻你的瞬间，就足够日后回味很久。

如果想要奔放的感觉，那么七月来看“葵花向日倾”吧，20万株向日葵里一定有你想要的那种奔放和热情。风中摇曳的硕大花盘，带给你的不只温暖，还有激情和力量。

整个园中冈峦起伏，山道曲折，步移

景异，忽而绿树红瓦，忽而池水满塘，忽而浓情菜蔬，忽而满树鲜果，亭台轩榭若隐若现，碧水绿树相映成趣。人在桥上过，鱼在水中游，宛若一幅山水画卷。

“卷地风来忽吹散，望湖楼下水如天”。这里的水上石林，更是惊艳四座，水中有石，石中有水。500多块奇石，用瘦、漏、透、皱各种形态，彰显了大自然的鬼斧神工，让人流连忘返。

Tips

姜堤乐园

东昌府区聊阳路王光宇大桥东700米

门票30元

寻幽

依绿园

欧阳晴

在聊城东昌府区古城西城墙脚下，向东几十米处有一个大水坑，坑里有一眼水井，井旁坑边，垂柳依依，水波粼粼，让人不禁忆起当地的名园——依绿园。

初听到“依绿园”这个名字时，还没读过杜甫的那句“名园依绿水，野竹上青霄”，只觉得用“依绿”二字给园子命名的心思太巧妙，单听名字便能想象出园中小桥流水、曲径通幽、春光满园的胜景。明清两代500余年间，依绿园一直是东昌府知府衙门的后花园，更让人又多了分想入园一观的冲动。

依绿园建于宋朝，最早称“自公亭”，后又改建成“绿云楼”，还称过“绿云亭”。清乾隆年间，东昌府知府胡德琳对其进行了一次大的修葺，定名为“依绿园”。

为什么叫依绿园呢？胡德琳在他的《依绿园记》中说，依绿园是从杜甫的诗句“名园依绿水，野竹上青霄”中择词得名。知道了这一缘由后，便觉得园中美景定是充满诗情，更有画意。

既然依绿园是胡德琳修葺和命名的，我们在游园的时候不妨听他的。根据他在《依绿园记》中的建议，游园的时候应该从“砥斋”开始，向西走十多步

便能到“晚晴书屋”，屋前的水渠从南向北流去，分成了两条支流，两条支流中间便成了一个小洲，叫做“小玲珑洲”，洲上建了亭子，两条支流上都建有小桥。

再往西走，有一个“丽农小房”，房的右边有三峰，三峰向南是南章山房，房后的水中又有一小块陆地，称为“枕流漱石”，又自成一洲。从三峰西北走过一座小桥，再往西走，林木繁茂，景色葱郁称为“绿云深处”。

从晚晴书屋沿着水渠往南走，水渠弯曲的地方有座亭子叫“可亭”，隔着小山与南章山房相隐映。从可亭向西经一座桥，可以到达三峰。三峰与南章山房之间有一条长廊，名字叫“邀月步”。西边有一座亭子叫“蓼巷”，与“约略亭”相连。这个地方三面环水，有四五株垂杨，清静而幽雅。

蓼庵是独自立在池塘中的一座亭子，在亭子里既能戏水，又能休息，还能看到亭子、房屋在水中的倒影与云影交织在一起。夏天还能欣赏池塘里的荷花。

古时候，官员和文人墨客都喜欢到园中，或散步，或闲聊，或吟诗作对，或自己带着酒菜到亭子里边喝酒边赏美景。据说，当年郑板桥来东昌府时，夜降大雪。第二天他和友人到园子里踏雪观竹，当时知名画家吴竹堂即兴泼墨作了一幅《得水园喜雪图》。郑板桥为面南的一处宅子题写了“喜雪斋”，以示文人清高自洁的秉性。

“绿云楼”在明代被列为聊城八景之一，称为“绿云春曙”，意思是：在风光绚丽的春天清晨，登上绿云楼远眺，可见蔚蓝的天空中晓雾飘渺，紫蔼升腾，气象万千。如果你到园中的时间是春天的清晨，一定要欣赏一下这一胜景。

依绿园因运河而兴，又因运河而衰。随着运河漕运退出历史舞台，依绿园和它所在的聊城这座古城一起衰落，在清后期逐渐荒废，销声沉寂近百年。如今，依绿园正在旧址上复建，亭台、水榭、曲廊、水池静然一处、疏密有致，等它建好后，我们便不用只在胡德琳的《依绿园记》中游园了。

Tips

依绿园

依绿园坐落于聊城东昌府区西北隅，北、西至城墙，南到道署街，东到市粮食局西墙，略作长方形，为明、清两代官府花园，因靠近城墙西北角的绿云楼而得名，园内有“十八景”。园内亭台、池榭、小桥、幽阁疏密谐和，晚景书屋、丽农山房、绿云深处等十二景的设计独具匠心，为五百年前聊城一大胜景。依绿园源于宋、盛于清，毁于民国初年，因其作为聊城八大胜景之一的“绿云春曙”而久负盛名。

東昌首府

谁不想坐上去幸福到晕眩？

小布

传说，一起坐摩天轮的恋人最终会以分手告终，但当摩天轮达到最高点时，如果与恋人亲吻，就会永远一直走下去；

传说，摩天轮每转过一圈，地球上就会出现一对正在接吻的恋人；

传说，摩天轮的每个格子里都装满了幸福，摩天轮是为了和喜欢的人一起跨越时空而存在的……

摩天轮有很多关于爱情的传说，在众多偶像剧里，总少不了摩天轮的身影。它们也许是男女主人公相互告白的背景，也许是男主人公英雄救美的见证，也许是男女主人公由冤家到相知的转折点，也许是男女主人公几经艰险后相守一生的象征。

有人说，当我们渴望得到幸福但幸福又迟迟没有到来的时候，可以试着坐上摩天轮，等待它慢慢升高，直到最顶端，俯视所看到的一切，就会发现，总有属于我们的简单幸福。

Tips

摩天轮

聊城市东昌府区古楼街道湖南路中段南关街交叉口东北角

0635-7111888

周二至周日开放

40元/位，情侣票120元/厢

如果你是第一次到聊城，让你印象最深刻的一定是水，这座江北水城“城中有水，水中有城”，让人怀疑是不是到了江南水乡。其次，一定是摩天轮，这座水城，竟然有如此大的一座摩天轮，整座城市因而多了一些浪漫的气息。

这座巨大的摩天轮位于东昌湖南岸，直径110米，最低点距地面20米，顶端高度可达130米，是中国唯一一座轮盘直径110米斜拉索式的摩天轮，摩天轮共安装吊箱42个，吊箱呈圆柱形，每个吊箱可乘坐6人。

摩天轮转得很慢，完整的一圈需要25分钟，甚至走近时才能发现它在缓缓地转动。登上摩天轮，北望东昌湖，南望凤凰湖，可以览尽水城芳华。

捌

寻一点儿水城特产 与你同行

东昌的泥塑惟妙惟肖，
冠县的鸭梨清香多汁，
临清的甲鱼全身是宝，
阳谷的美酒回味悠长，
水城的人们热情好客，
你若要离去，记得顺手带上一片回忆。

巴铁

这儿的人，都不嫌“鸭梨”大

✎李小驹

聊城冠县鸭梨以皮薄、质细、肉嫩、果面洁净光滑、果形端正、果色金黄、清香多汁、酸甜可口、核小肉白、耐贮而驰名。在冠县，街巷里随处可见售卖冠县鸭梨的摊贩，那水灵灵的鸭梨个头硕大饱满，型如倒卵表面光滑，看上去就让人垂涎。来了冠县不把这鸭梨吃个够那就是你的一大损失了。

每年中秋前后，约三五好友驱车来到冠县兰沃乡，这里因梨闻名，素有“梨乡”的美誉。漫步漫山遍野的梨园中，别有一番景致：龙曲蛇盘的梨枝，硕果累累，香味四溢。

梨乡历史悠久，物华天宝，人杰地灵，特别是梨园中心的韩路村更是如此。据韩路村石碑记载，这里从东汉时期就开始种梨，历史悠久。明清时期开始发展为皇宫贡品，有“堂梨博枣”之称。“堂梨”就是韩路梨，梨园内有梨树王、梨王后、四国聚、八仙居、割耳园、卧龙冈、官兵路、狐狸窝、仙人桥与夫妻树、老龙沟、瘟愈沟等14处景点，每年来梨园观光、订货的游客和客户达上万人，特别是每年4月初举办的梨花节，来观光旅游的全国各地游客更是络绎不绝，兰沃乡也逐步成为观花赏果、体验梨园文化的休闲旅游中心。

接过老农刚采摘的大梨子，捧在手中细细端详，这果儿色呈金黄，果形头粗尾细，饱满的果实洗净后越发显得鲜美多汁。一口咬下，口感清香甜脆，肉质细嫩，甘甜如饴，丰富的梨汁迸溅出来，别有一番独特的风味。梨子是难得的清热淡雅的水果，自身就带有一种自然鲜果的清香味儿，漫步梨园，品一颗成熟饱满的鸭梨真是让人神清气爽。

冠县鸭梨不仅口感独特香甜美味，它还有极高的药用价值，冬天吃清肺去火，夏天吃解渴消暑，还可以降低血压、养阴清热，把梨子和冰糖一起熬水服用还可以生津止咳，保护嗓子。即便不爱吃梨的人，也会爱上这冠县大鸭梨。来到聊城，若不来几颗地道的大鸭梨尝尝，可真是枉来此地了。

神仙都爱灵芝仙草

韩泽　毕冉

电视剧《三生三世十里桃花》火遍了“四海八荒”，剧中有一样东西特别“神”，那就是能净化仙泽的“神芝草”，连神仙的命都救得了。其实，“神芝草”就是民间传说中的灵芝。神话故事《白蛇传》中，白娘子也是在峨眉山盗得“灵芝仙草”才救活了夫君许仙。

传说中，灵芝是千年灵精集天地间之正气，日月之精华，历亿万年而形成的不死仙草。食之能起死回生、长生不老、飞升成仙。

实际上，灵芝只是自然界中的一类真菌生物，因含有多种生理活性物质，具有增强人体免疫力、抗疲劳、延缓衰老等功效。自古以来，灵芝就被人们当作吉祥、美好、长寿的象征，有“神芝”“仙草”“神奇的东方蘑菇”之称，是最古老的一种“吉祥物”。

据《本草经集注》记载，根据不同的颜色，灵芝分为赤芝、黑芝、青芝、白芝、黄芝、紫芝六种，“此六芝皆仙草之类，俗所稀见，族种甚多，形色环异”。

在聊城市冠县店子镇，种植灵芝已成为当地人生活中的一部分。他们靠培育人工灵芝为生，全中国的灵芝中，每三株便有一株产自这里。在冠县灵芝文化产业园，各式各样的灵芝让人叹为观止，它们有的像云，有的像鹿角，有的像扇子，各有千秋。

当然，最值得一提的还是集观赏和食用于一体的灵芝盆景，这是产业园经过多年的研究和实验，开发出来的一个可以长期保存并且极具观赏价值的品种，大的有1.8米高，小的只有十几厘米，有的像松塔，有的像大圆盘，有的菌盖上还“坐着”关公。

除了灵芝盆景，目前园区已根据灵芝的养生功效，开发出了灵芝仙酒、破壁孢子粉、灵芝切片等一系列衍生产品。据说，未来这里还会生产灵芝化妆品、灵芝禽、灵芝蛋等产品呢。

Tips

灵芝文化产业园

冠县店子镇260省道化村桥头

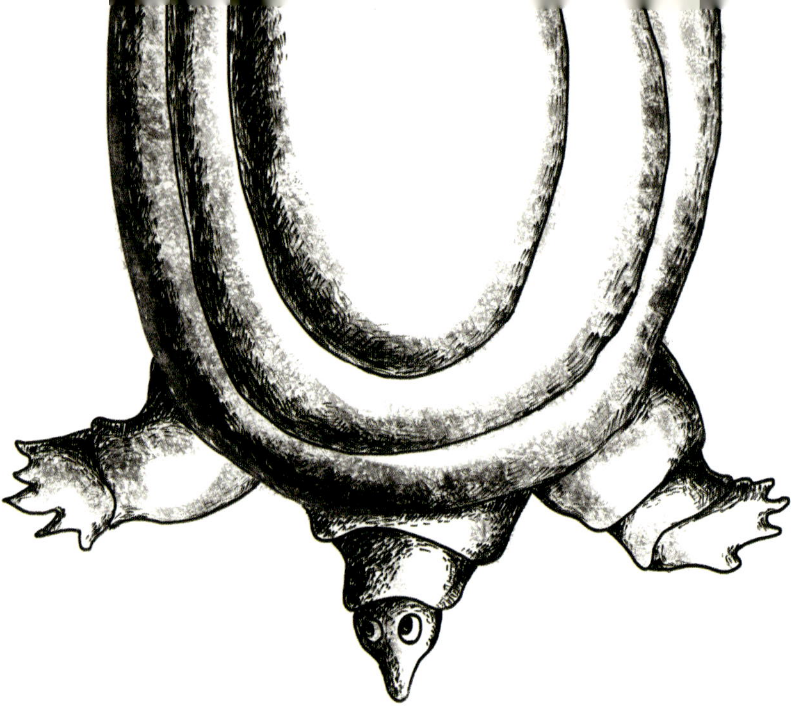

黄运甲鱼甲天下 天下烹饪看客家

✎张振

聊城临清市魏湾镇有一个丁马村，村里的老人说，“丁马”就是屯战马的意思，意指这个村子在古代是屯兵马的地方。

丁马村西北的马家湖自古盛产甲鱼，又称“丁马甲鱼”。据《清平县志》记载，战国时期，赵简子就开始在这里人工养殖甲鱼，以壮雄师。

923-942年，后唐皇帝李嗣源、后晋皇帝石敬瑭先后曾在此驻扎17年，屯兵万余。当时军中瘟疫肆虐，李嗣源非常着急，当地的百姓告诉他们，吃鳖（甲鱼）可以防治瘟疫，于是便让人抓鳖给士兵吃，瘟疫居然真的得到了控制，李嗣源赞誉马家湖丁马甲鱼为“圣鳖”。

到了明清时期，皇宫内会养殖特供御品丁马甲鱼，以供皇家食用。据说乾隆皇帝六次下江南，都要御临如今的临清市魏湾镇，一是为了欣赏马家湖的烟雨美景，二是为了品尝丁马甲鱼的美味，

他还为此题字："黄运甲鱼甲天下，天下烹饪看客家"。因此，"丁马甲鱼"又叫"黄运甲鱼"，更加名动天下。

独特的养殖条件，悠久的养殖历史，丰厚的文化底蕴，使得丁马甲鱼受到国家有关部门的认可，2007 年正式被国家质检总局批准为地理标志保护产品，成为国内第一个甲鱼的地标产品。

丁马甲鱼属黄河品系中华鳖，体色好、生长快、成活率高、体质健壮、抗病力强、裙边丰厚，最明显的特征是背部有八根肋板骨。区分公母的方法是看尾巴，公甲鱼尾巴突出到裙边之外，母甲鱼尾巴在裙边内。在食用时，公甲鱼最美味的

是裙边，母甲鱼最美味的是肉。

甲鱼全身都是宝，营养价值很高，但是料理起来并不简单，能料理的饭店也很少。如果你想品尝一下丁马甲鱼的美味，可以尝尝当地企业做的甲鱼产品，比如小分子甲鱼胶原蛋白高科技特饮“东方鳖宝”、高钙产品“高钙宝”、速冻食品“全家鱼肉丸”、即食产品“五香丁马甲鱼”等。

日食圆铃枣 终生不见老

✎方糖　📷毕冉

在茌平的农家院里，几乎家家都种有枣树，一方面可以打枣吃，另一方面还可以讨个“早”的口彩，祈愿早生子，早发财，事事早一步,意寓日子“红红火火”。而每一个吃枣长大的人也都知道，这里的枣还有几段缠绵的传说。

相传在很久以前，黄河水泛滥成灾，茌平一带农业饱受创伤。一天，一对美丽的七彩凤凰盘旋而至，口衔几枚金黄色的种子，洒落在这片土地上。后来，水患逐渐消退，这几颗种子生根发芽，茁壮成长，结出了圆铃状的红果。这里的百姓以枣为食，得以生存，从此，圆铃大枣开始被广泛栽植。

尽管“所见之处都是枣”，茌平人最宝贝的仍是枣和枣树。在中国圆铃大枣生态园里，一棵历经五百余年风雨的枣树是茌平人心心念念要重点保护的对象。

这棵五百岁高龄的枣树，因树龄

大、产量大、树型大，当地人奉其为“枣树王”，它所结的果实更是一枣难求。在圆铃大枣生态园举办的采摘节上，枣树王的果实经常被用来拍卖，有一回它所产的一份重1300克的大枣就拍出了1600元的高价。

“一日三枣，红颜到老”，对于“枣树王”而言，农历九月初九是个特别有纪念意义的日子，因为每到这一天，都会有很多慕名而来的人，在它四周祈福、求寿。人们在保护着它的身躯，它也守护着人们的精神家园。

除了生吃，圆铃大枣还可以晒干，制作乌枣、蜜枣和冻枣。通过煮、晒、熏等方式加工出的乌枣，在当地尤为受欢迎，由于糖分转化时间长，口感比鲜枣更甜，并且甜中还带有微微的熏烤味儿。

据《本草纲目》记载，圆铃大枣还是唯一一类可以入药的枣。相传655年，晋公子重耳为躲避国内政治斗争，从晋国逃至齐国避难，因怀念故土，重耳便日日登上“望晋台”遥望故乡，不思饮食，日渐消瘦。

因重耳为人善良，众乡亲便把收获的圆铃大枣赠与重耳品尝，没想到他食后胃口大开。仆人便在面食和粥中掺入圆铃大枣，使之香甜可口，重耳的身体也日渐好转。后来重耳回国后，向大臣们推荐“此为救命枣”。

从此圆铃大枣成为必不可少的贡品，“日食圆铃枣，终生不见老”便这样流传开来。

东昌泥塑的前世今生

颜艺

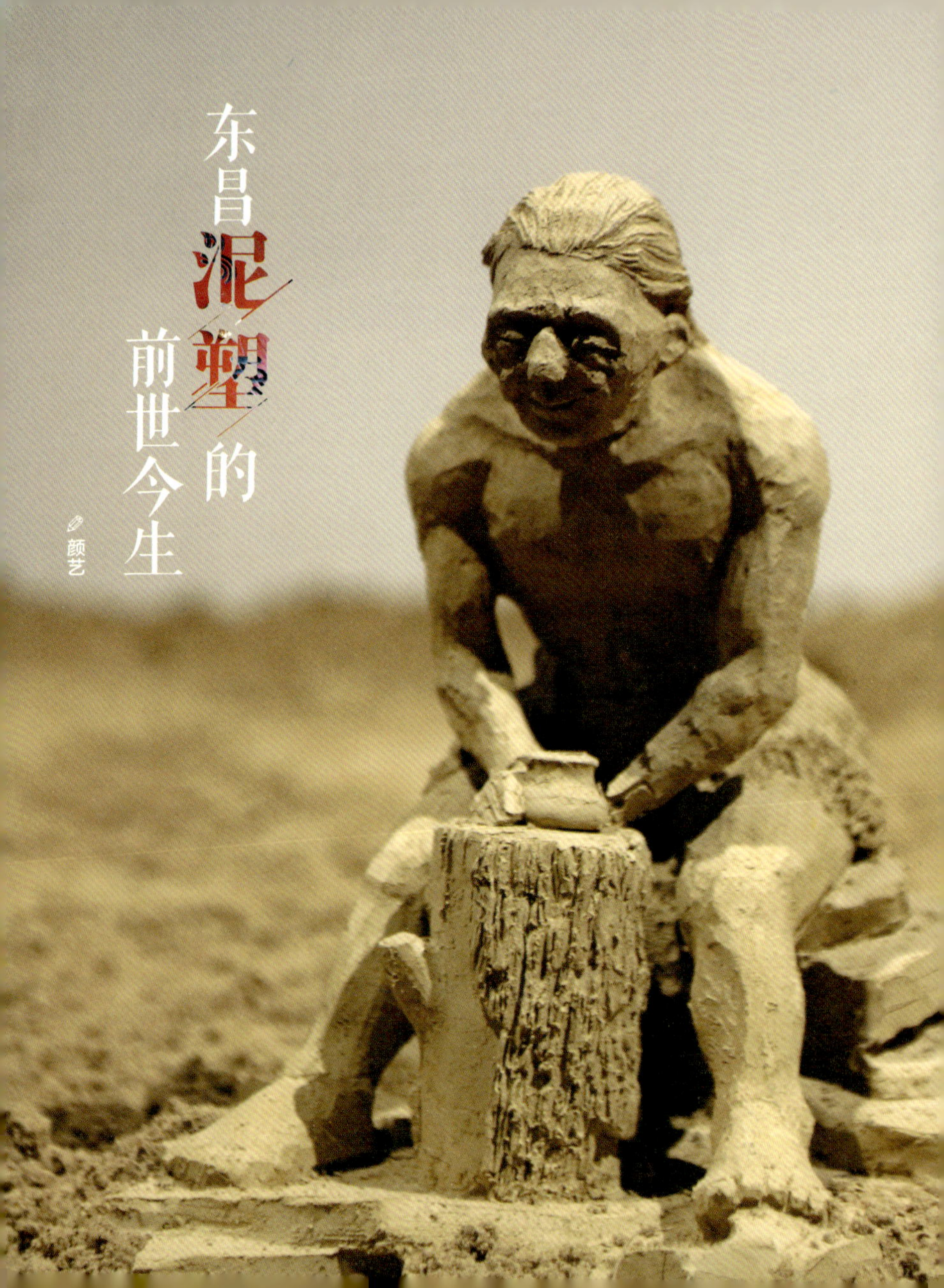

到聊城旅行，隆兴寺铁塔和光岳楼是必须要去的，玉皇皋却只能听当地人说，无缘得见了。

玉皇皋是明代的传统古建筑群，道家胜地，1947 年左右被毁坏。道观里供奉的百尊神像，却一直为世人乐道。这些神像都是出自东昌府区民间技艺精湛的泥塑艺人之手。

历史上，聊城东昌府作为政治、经济、文化中心，道观、寺院以及各种庙宇比较多。但是东昌府区属于平原地带，缺少石料，加之运输困难，造价高，因此，东昌府区供奉的“神”多数是泥做的，这也促使东昌府区产生了很多造诣高超的泥塑艺人。

东昌泥塑主要分为两种，除了大型的神像外，还有小巧的泥人。马官屯泥人在东昌泥塑中是首屈一指的，它小巧玲珑、品种繁多，造型以戏曲人物和飞禽走兽为主。

马官屯泥人历史悠久，但究竟始于何时，已无从考证。村里至今还流传着一个关于马官屯泥人的古老传说。相传明清时期，有一群匪徒想入袭马官屯，当行至村头一座小庙前时，他们胯下的马突然停下，嘶鸣不前，任凭匪徒们怎么抽打都不管用。无奈，匪徒们只好悻悻地离开，马官屯躲过一劫。老人们说，当年马官屯泥人显灵，变成了一排穿官服的人站到了村

里的大围墙上，才把匪徒吓跑的。

关于传说的由来我们已无从考究，但足以证明马官屯人对泥塑的钟爱与崇拜。

20世纪，泥塑艺人把捏制的泥人装入挑担，穿梭在城乡的大街小巷，叫卖声绵长悠扬，很多老百姓都是靠捏泥人、卖泥人维持生计，贴补家用。

当地的老人回忆，他们小时候，聊城大集小市上，随时可见挑着担子卖泥人的，有的直接现场制作，买卖很是红火。当时卖泥人的都随身带一只泥哨，当街吹几声哨子，便有小孩围拢过来争买泥人。到了过年过节的时候，泥塑艺人们都要提前赶制一批泥人备货，以应对前来批发的商贩需要。

景阳冈上醉神仙

✎永泰 📷毕冉

“来路悠悠去路长，武松夜上景阳冈”。提起“景阳冈”，人们很自然地就会联想到《水浒传》中武松打虎和大碗喝酒的场景。对“无酒不成书”的《水浒传》而言，如果没有酒的衬托，好汉的一腔热血就无法完美表现出来，而最能体现水浒英雄伟岸形象的酒，莫过于景阳冈酒——这一款独一无二、当之无愧的英雄酒。

景阳冈酒始于唐朝玄宗年间，距今已经1260余年的历史。从武松打虎开始，景阳冈酒就被注入了忠义的基因，这基因生生不息，让景阳冈人千百年来代代相传。

1950年，山东景阳冈酒厂建厂，本着“先做人，后酿酒；

做好人，酿好酒”的理念，景阳冈酒业规划建设了高粱种植基地和生态酿酒基地，并不断用现代工艺改造和提升传统产业、融入生态理念，生产出了“入口酱香，回味浓香”的景阳冈酒。

“五洲四海话景阳，千载陈酿透瓶香”。景阳冈酒以“三碗不过冈”的透瓶香最负盛名。宋代以后，“透瓶香”还曾作为贡酒，誉满京师。近年来，景阳冈酒业在延续传统酿造工艺的基础上，对“透瓶香”的生产工艺进行了发掘整理，创造性地融合成一套全新的工艺，酿成了窖香幽雅、陈香舒适、绵甜柔顺、回味悠长的透瓶香酒，重磅推出了“透瓶”系列白酒。透瓶酒寓意“做人透明，喝酒透瓶”，不仅是对景阳冈人不忘初心、质朴本真的体现，而且还是对光明磊落、坦坦荡荡的英雄气概的延续。

如今的景阳冈酒业，具有万吨粮食酒的生产能力，能生产出浓香、清香、兼香、酱香、芝麻香五大香型的酒。其中，景阳冈陈酿被誉为“中国兼香第一酒”，赖茆酒被誉为“中国北方酱香典范”。

景阳冈酒，简直让人隔着文字，都闻到酒香。周末去喝两杯吧，不醉不归。

Tips

景阳冈酒业

阳谷县城紫石街

春光无限 玛瑙凝脂

初喜

我第一次接触樱桃，是奶奶屋后的那棵野樱桃树。记忆中，那时的樱桃又小又涩，大家都不怎么爱吃。直到后来吃到阳谷的樱桃，我才发现“一方水土”不仅能养育“一方人”，更能养好“一方果”。

初见阳谷樱桃是在上大学的时候，每到春末夏初樱桃上市时，家住阳谷的室友都会让家人给我们寄樱桃。于是一箱又一箱的樱桃总会在最适宜的时间，以最优美的姿态出现在我们面前。它们有“单独站立”的，也有“成双成对”的，更有“成群结队”的，无论是何种姿态，只要将它们拿起，我便不舍得放下。

我尤其喜欢枝桠连在一起的“双生樱桃”，它们永远无法融合，却又紧紧连在一起。每当看到它们，我都会想：“樱桃哪里是用来吃的，明明是用来欣赏的。”

如果你要问我它是什么颜色的，我定会告诉你，玛瑙是什么颜色它就是什么颜色，红、黄、紫色任你怎么选，随你怎么看。它的红，红得娇艳欲滴，红得让你心醉。它的黄，黄得晶莹剔透，黄得让人感到心暖。它的紫，紫得忧郁而又缠绵。

我以前一直以为，樱桃是越红越好吃，后来我才知道，红、黄、紫这些不同的颜色对应着不同的品种。室友告诉我，阳谷的大紫樱桃，不仅果实大，而且肉软皮薄；而那黄中透红的樱桃，则果肉硬脆，吃起来特别清脆、爽口。

然而，“樱桃好吃，树却难栽”，樱桃树怕冷又怕热，怕旱又怕涝，不易成活。阳谷县的十五里园镇，因光照充足、雨量适中、常年温差小而倍受樱桃的青睐。阳谷的樱桃选中了这里，这里也成就了阳谷的樱桃。

每逢阳春三月，十五里园镇三千余亩的樱桃树都会竞相开出小巧的五瓣花，一阵清风拂过，这些优雅而不张扬的花瓣便像雪花般轻盈灵动，为穿枝拂叶的行人下一场浪漫的樱花雨。“雨”过天晴后，再过不久，婆娑舞动的叶片下就会出现无数个绿嫩小果，当你还沉浸在新生命的喜悦里，它们却仿佛会在昼夜间“火红”般地长大，而且红得热烈，红得大方，引得各种各样的鸟儿们满园子上下翻飞着。

我想如果不是来到山东，我真的很难吃到正宗的樱桃。儿时野樱桃吃的是乐趣，如今阳谷樱桃吃的才是美味。奶奶因为屋后那棵野樱桃树，对樱桃产生了“偏见”。“樱桃又小又涩的，不好吃。”这是她对樱桃的印象。而我，却因为偶然的际遇，对樱桃产生了“偏爱”。

“莹惑晶华赤，醍醐气味真。如珠未穿孔，似火不烧人。”我想，每一个品尝过其美味的人都会如我一样，从此对阳谷樱桃情有独钟吧。等到樱桃再上市时，我一定要给奶奶寄一箱阳谷大樱桃，让她尝尝最正宗的樱桃美味。

Tips

阳谷樱桃

阳谷县十五里园镇的樱桃种植开始于2002年，有美早、早大果、红灯、萨米脱、奇好、友谊、胜利等品种。到目前为止，该镇已有3000余亩的樱桃种植面积，更有150亩的温室大棚试验种植基地，同时拥有樱桃观光采摘、樱桃酒酿造等新兴产业。樱桃种植已是十五里园镇的标志性产业。

一字一世界 一笔一精神

✎果果

汉字有五千多年的历史，人们在使用中，逐渐意识到文字书写所具有的美感，并进而对书写有意识地加以控制，于是便诞生了书法这一艺术形式。

书法艺术依赖于毛笔的产生，中国人使用毛笔写字作画的历史已有数千年之久。近几年，随着国学热升温，越来越多的人开始学写毛笔字，研习书法。

子曰：工欲善其事，必先利其器。如果你身边有爱好书法的朋友，不妨送他一支东昌毛笔。东昌毛笔有200多个品种，大的用六尺猪鬃羊胡精制而成，可以写一米见方的大字；最小的毫笔只有半寸，可写蝇头小楷。

东昌毛笔的制作，历史悠久，随着运河的开通，传承浙江湖笔而来，制作工艺更为严谨，有“千万毛中选一毫”之说，因此有“含墨多而不滴，行笔畅而不滞”的特点。

明代中叶至清道光年间为东昌毛笔制作业的兴隆时期，作坊主要分布在运河两岸、古楼东大街两侧，时有“东昌作坊，书笔两行”的说法。当时，产品大多销往山西、河北、河南及山东其他地区。

聊城傅以渐曾用本地毛笔书写出了行云流水的文章，深得顺治皇帝的赞赏，并御笔钦点为头名状元。康熙皇帝巡幸聊城，也曾用东昌毛笔撰文赋诗，并为光岳楼题写了“神光锺暎”的匾额，从此东昌毛笔闻名遐迩。清康熙六十年（1721年），聊城邓钟岳也曾用本地毛笔进京应试，即被康熙皇帝朱批“字甲天下”，钦点为头名状元。

东昌毛笔制作工艺世代传承，助力书写了华夏文化的辉煌。如今，这种传统的制笔方式，也就只有道口铺张堤口村孙金龙老人还能

掌握了。他从十六岁开始学习制作毛笔，至今已经过去了五十个年头。

东昌毛笔的制作分为水盆和干琢两大工序，七十二道小工序。水盆工序制作笔头，通过尖利的牛骨梳子，一遍遍地把泡在水里的羊或者其他动物的毛和麻梳匀在一起，单这个过程就需要重复三十多遍。制作最小的毫笔笔头时是最难的，因为它只有两厘米长，梳的时候抓一半，留一半在外边，抓得松了，梳的时候会往外掉；抓得紧了，梳的时候会被牛骨梳子扎破手。

干琢工序主要是把笔头装在笔杆上，这是对笔的质量的最后把关，需要在灯下一遍遍把不好的毛剔除掉，一支笔中只要有一根杂毛，就会影响整个笔的质量。

受机器制笔的冲击，聊城手工制作毛笔的匠人已经屈指可数，但孙金龙老人依然执着地坚守着这门古老的技艺。如今，在当地政府的帮助下，孙金龙老人在聊城古城开设了一家专门经营东昌毛笔的笔铺，虽不复“东昌作坊，书笔两行”的盛景，却也成全了老人的一份坚持。

Tips

东昌毛笔

聊城市光岳楼楼东100米路北

13287597177

在葫芦世界里雕刻时光

马振

“葫芦”与“福禄”谐音，寓意吉祥富贵，深受中国人的喜爱。小时候，爷爷常常会把小葫芦用红绳缠好，给我戴在脖子上，说它是吉祥物，可以保佑我长命百岁。有时候，爷爷会在我的葫芦上刻一个“福”字，歪歪扭扭却十分别致。我也学着他的样子，用削铅笔的小刀，在葫芦上刻各种各样的字。

那挂在胸前的小葫芦，是我接触的最早的雕刻葫芦。也许就是那时候，对葫芦的喜爱就渗进了我的脑海里。所以，当走进聊城东昌府区的李玉成家中时，我立即被他一屋子的葫芦深深吸引，一个个端详抚摸着，爱不释手。

四季平安、八仙过海、武松打虎、唐僧师徒四人、牡丹花……大大小小五颜六色的葫芦上，雕刻着各种精美的图案。图案上有窗的地方还是镂空的，好像真的成了一扇小窗户，构思很是巧妙。

聊城市东昌府区，位于黄河下游，古老的马颊河在这里蜿蜒流淌，充足的水源以及适宜的气候生长出来的葫芦，表面光洁润滑、色泽优美、肉质肥厚，尤其适宜雕刻加工。

葫芦雕刻在聊城已经有600多年的历史。相传，古代有一个擅长绘画和雕刻的宫廷艺人王和尚，告老还乡后，回到现在的聊城市东昌府区闫寺办事处，因当时闫寺一带盛产葫芦，于是王和尚便在葫芦上刻上精美的图案，来装自己喜爱的蝈蝈，因此蝈蝈葫芦名声大噪。

后来，蝈蝈葫芦又发展为亚腰葫芦、勒扎葫芦、范制葫芦等多种形制。2008年6月，葫芦雕刻经国务院批准列入第二批国家级非物质文化遗产名录。

明末清初的时候，闫寺李什村家家户户都种葫芦、刻葫芦。在60多岁的李玉成的记忆里，他小时候村里仍是家家户户都刻葫芦，村民会把刻好的葫芦用扁担挑着，去江南、东北贩卖，一人一次能担3000个葫芦。由于回家路途遥远，他们担心钱被偷，便用卖葫芦的钱买一头牛牵回来。

小小的葫芦竟然能换一头牛！受村里人的影响，20世纪50年代，高中毕业后的李玉成，在村里老人的指导下开始雕刻葫芦，几十年的精雕细琢，刀耕不辍，最终形成自己特有的风格。

定格圆规、斜口刀、直口刀、圆口刀、刻笔、透孔器等二十多种东昌葫芦雕刻常用的工具摆满了李玉成的桌子，其中不少工具是他在雕刻过程中，结合实际需要自己发明的。

李玉成是位技艺高超的艺人，在创作时从来不打稿，只需将葫芦细细把玩后，便能心中有数。葫芦面为纸，特质刀具为笔，在葫芦上作画，或片、或刻、或镂，手法多变，运用自如。

面对现在雕刻设备的冲击，李玉成依然坚持这传统的手工技艺雕刻，一刀一笔刻了40多年的时光。因为他相信，机器刻出的葫芦只是产品，融入了手艺人心血和思想的雕刻葫芦，才有灵气，才能称为艺术品。

千百年“圈粉”无数 阿胶迷倒历史名人

✎ 七格格

提到阿胶，总会想到美人杨贵妃，想起《全唐诗》里那句：“铅华洗尽依丰盈，雨落荷叶珠难停。暗服阿胶不肯道，却说生来为君容。”古代形容美女，一般都离不了“明眸皓齿、肤若凝脂”。唐代的美女喜好浓妆艳抹，那时候的“铅华”（化妆品）含铅、镉等重金属，容易伤害皮肤。而杨贵妃却“铅华洗尽依丰盈”，通俗点说就是“卸了妆美”，而

东阿阿胶

且化妆品还没有伤害到她的皮肤。

好多人都赞美过杨贵妃“肤若凝脂”，白居易说“春寒赐浴华清池，温泉水滑洗凝脂”，他将杨贵妃的好皮肤归功于“泡温泉”，而《全唐诗》里这几句，却将杨贵妃的好皮肤归功于“吃阿胶”。小小的无名之辈叫板名满天下的“诗王”。

杨贵妃能够集“三千宠爱在一身”，得益于她的肤白貌美，但是后宫从来都不缺美女，每年都会有年轻貌美的新人被选进宫，她的美怎么抵得住岁月的侵蚀？要把青春留住，她必须得有自己的秘诀，这个秘诀还不能跟别人说，只能她自己独享，对外则称自己是“天生丽质”，旁人想学根本学不来。她不肯说的秘诀，就是“服阿胶”。

相传，神农氏尝味百草，发明中药。中药分上、中、下三品，上品主要养生，无毒，多服、久服不伤人，轻身益气，不老延年。《神农本草经》和《本草纲目》等都把阿胶列为上品。多部著名医学典籍都为阿胶背书，对其延年益寿、补血养气、美容养颜的功效极尽赞美之词。

对阿胶功效表述比较直白的，便是元曲：“阿胶一碗，芝麻一盏，白米红馅蜜饯，粉腮似羞，杏花春雨带笑看，润了青春，保了天年，有了本钱”。几句话将阿胶的配方和功效巧妙地融合在一起，据说东阿阿胶生产的真颜阿胶糕组方就是从这首元曲中悟出来的。

没有一个女人会拒绝让自己变得更美，尤其是“王的女人”，谁不想“回媚一笑百媚生，六宫粉黛无颜色”，阿胶的另一个忠实拥趸者就是慈禧。

据说慈禧怀孕的时候，因为身体虚弱可能会流产，后来服用了东阿阿胶，身体恢复得非常好，顺利生下了龙子同治皇帝。从此，慈禧对阿胶情有独钟、笃信不疑，终身服用。现今流传的美国画家卡尔的《慈禧太后油画屏》中可以看出，70岁高龄的慈禧，身材苗条、头发黑亮，皮肤保养得很好，只有40岁的样子。

阿胶能美容养颜，却自古不是女人专享，唐代著名的“药王”孙思邈在《千金翼方》中提到，阿胶有养肝护肝的功效，同样也适合男人。历史上被阿胶“圈粉”的男人也不在少数，比较有代表性的就是曹植和唐太宗李世民。

曹植曾经做过“东阿王”，刚到东阿时，骨瘦如柴，后来因为常吃东阿阿胶滋补，身体变得康健，于是感念而作《飞龙篇》，将东阿出产的阿胶称作“仙药”，称赞说“授我仙药，神皇所造。教我服食，还精补脑。寿同金石，永世难老。”

曹植是诗人，诗人觉得好的东西便写诗赞美，让大家都知道它好。李世民却是君王，君王觉得好的东西则要独自占有。

阿胶，出东阿，故曰阿胶。《本草纲目》中更是明确了制作阿胶的两大必备条件，一为纯驴皮，一为东阿井的水，两者缺一不可。

李世民受益于阿胶打了胜仗之后，便派亲信大将尉迟恭封禁东阿井，从此东阿井只有冬至时节为皇家炼制贡胶时，才能开启井封取水炼胶，至此阿胶也成为皇家专享。

翡翠金香 甜蜜蜜

✎ 欣悦

甜瓜因味甜而得名，由于清香袭人故又名香瓜。香瓜是夏令消暑瓜果，初夏的水果，要数香瓜最为香甜了，闷热的天气里人们忙碌了一天，能舒舒服服地啃上一个大香瓜，是件多么酣畅淋漓的事儿，特别是食欲不振时，它也成为人们开胃醒神的好选择。

要说哪里的香瓜最美味，那一定要说说“中国香瓜之乡”聊城莘县了。莘县百姓素来有种植瓜菜的习惯，种瓜的老农王大爷说，“我种香瓜已经 20 多年了，亲眼见证了这不起眼的小香瓜一步步成了‘香饽饽’。”最初这里的香瓜都是露天种植，受天气和地理环境的影响，种瓜也只是大家的“业余爱好”，在田间地头只能看见零零星星的瓜蔓点缀在地里。现在不一样了，瓜棚挪到了大棚里，种植技术也在不断地创新，越来越多的村民把种香瓜视作

主业，顺着老农指的方向放眼望去，一排排瓜棚整整齐齐地排列在川道里，空气中都能闻到成熟瓜果的甜蜜气息。

得天独厚的地理条件成就了莘县香瓜的美味。莘县阳光充足，昼夜温差大，瓜果白天可以充分发挥光合作用，而夜晚的呼吸消耗较小，有利于养分沉淀，因此糖分含量高，味极香甜。加之近年来瓜农们不断学习新的种植技术，种瓜水平不断提高。这里的香瓜一年可成熟两季，且比市面上普通的香瓜能更早上市，每年春季三月上旬便能在市面上买到莘县香瓜了。

走进瓜棚，单是这香瓜的品种就足以让人眼花缭乱，羊角蜜、金蜜、翠蜜、蜜世界、美玉、白洛托……十几个品种的香瓜，这个也甜那个更甜，个个诱人，竟一时间不知道先吃哪个好了。

正是口渴时，接过瓜农刚洗好的一个羊角蜜香瓜，切开，一口咬下，甘甜的汁水瞬间滋润了干涸的喉咙，一时间竟吃出了童年的味道……

依稀记得小时候，我和弟弟最爱吃的水果就是香瓜，每当写完作业，大人就会挑一个味儿最香的出来给我们解暑，把大香瓜洗净后用两手轻轻一拍，“咔哧”一声瓜裂两瓣，雪白诱人的瓜肉展露出来，瞬时满屋飘香。

新鲜的香瓜糖分和水分都很大，果肉不必费力咀嚼，瓜汁便从唇齿迸发而出，还来不及吮干，甜蜜的汁水便顺着胳膊滴到了地上。天气炎热的时候，这些美味的香瓜也像天然的冰淇淋，早上出门前将香瓜切开后放入冰箱，傍晚放学回家，就能吃上清清凉透心凉的香瓜了。

好吃的东西因为分享才觉得更加美味，那份儿时的回忆，就像这香瓜一样，格外甜蜜和让人回味。

这面竟然比针还细

✎ 阿童木　📷 毕冉

在高唐县姜店镇，有一片开得正灿烂的向日葵，它们整天在花海中“朝阳望日”。也许是因为这个缘故，花海的不远处有一个庄园，老板给它取名为“向阳花开”。

走进“向阳花开”，映入眼帘的除了向日葵，还有一些古朴的农家小屋。农家小屋里，住着的都是制作特色食材的手艺人。路氏夫妇，就是其中一例，他们掌握着制作传统手工“坠面”的绝活。

“坠面”，又名“空心面”，因面细如针尖、根根空心而得名。民间有“日食两碗空心面，胜过皇家宫廷宴”之说。相传，1742年，乾隆下江南路过山东聊城，清平知县奉上手工坠面，皇帝食后，对其美味和精细工艺赞不绝口，并将其钦定为宫廷面，自此坠面的美名便流传开来了。

路氏夫妇也是清平县人，因为坠面在当地是十分普遍的一种食物，所以他们很小就掌握了坠面的制作技巧。在“向阳花开”，路大爷每天凌晨四点就要起床和面了，面和好了，还需要拉面、盘面、抻面……经过十几道复杂工序，面才能被拉到针尖的细度。而这时候，路大爷又要开始进进出出地忙着晒面了。

只要天气好，路大爷的农家小院里，便随处可见细如针尖如银丝的坠面,已拉开的面条与未拉开的面条纵横交错，好不壮

Tips

向阳花开庄园

高唐县姜店镇西郭村

观。听路大爷说，由于面十分尖细，所以只要“晒一晒”太阳，面很快就会自然形成空心，变成“空心面”。

同样是面，这“空心面”跟普通面的煮法可不同，普通面放入沸水后，还需要煮一会才能食用，但“空心面”却是只要开锅就可以出锅，时间一般不能超过12秒，否则面就容易糊掉。听路大爷说，这针尖一样细的面，甚至不用煮，可以用开水直接泡食，也可以就这样干吃。

虽然路大爷每天都在不亦乐乎地做面、拉面，但我还是从他脸上看到了些许无奈。他告诉我，这种面入口即化，非常容易消化，很受孕妇和老人的青睐，但很多地方已经没有卖的了，因为手工“空心面”的制作相当费劲，现在已经没有多少人愿意做这种面了。

这么一把实实在在、清清白白的面，除了力气，其他都是大自然的产物，简约而不简单是关于它最好的诠释。

聊·胜一筹！放心吃吧，聊城产的！

✎恰恰

想亲近一座城市，美食是一个很好的切入点，它代表着一座城市的性格、气质和人文精神；想洞察一座城市，土特产是一个绝佳的视角，它承载着一座城市的根基、成长和未来所向。

随着人们的生活越来越趋向于城市化，农村的特色产品正在逐渐被人们遗忘，但与此同时，很多在城市住久的人也开始怀念农村的淳朴，怀念农村的草木滋味以及泥土之上的富饶物产和深厚文化。

如果你还理所当然地为土特产贴上“土”的标签，那就大错特错了。随着“聊·胜一筹！”这一聊城农产品整体品牌形象知名度和美誉度不断提升，“放心吃吧，聊城产的！”已经从一句自信而诚挚的邀约，开始成为聊城的一张崭新名片。

“聊胜一筹”的成语原义为“略微高出一点儿”，是表达自身比别人出色的自谦用词。在“聊”字后加上间隔号，将“聊胜一筹”拆解后，“聊”字即指代聊

城，表达的是聊城胜人一筹的含义，清晰地将聊城农业品牌在市场竞争格局中突显了出来。

事实上，经过数千年积淀的东方农耕文化，具有底蕴深厚、绚烂多彩的生趣魅力。然而，随着农业技术涌入东方，化肥、农药也开始摧残东方的肥沃土地，东方农耕逐渐褪去原有的淳朴色彩。正是在这种大背景下，“聊·胜一筹！”应运而生。

“让农业回归生趣”，是人们基于农业现代化进程中出现的问题所产生的思考，是对农业发展和市场消费的呼吁，也是对充满魅力的传统农耕文化的依恋。聊

城农业的独特性，让这种思考与呼吁有了付诸实施的可能性。

六大水脉汇聚而润，冲积平原积土而沃，是聊城独一无二的环境资源；多元文化交融熏陶，农耕文脉源远流长，是聊城的文化积淀；十大产业包罗万象，道地农产多彩缤纷，是聊城的丰饶物产；立法严控农药使用，质量监管全程可溯，是诚信体系的锻造；用心耕耘安心畅享，地方风味淳正如初，是聊城农产品的品质……以上是聊城农业相较于诸多地区农业更胜一筹的优势因素，亦是聊城农产品区域公用品牌的价值基础。

“吃”是农产品之于人的本质价值，以“吃”为媒，聊城农产品放大品质安全的竞争优势，构建了覆盖全市的农产品质量监管体系，在全国处于领先地位，而立法严控农药使用，在全国地级市中亦属先例。“放心吃吧，聊城产的！”这句口号喊出的不仅是聊城农产品的产业优势和产品自信，更是聊城农业的坦诚与谦逊品格。

如果你有幸去到聊城或者买到聊城的农产品，你只需记住一句话：

放心吃吧，聊城产的！

私享
玖

愿你做一个可以随意支配时间的人，
去喝咖啡，去读书，去看电影，去唱K，去喝一杯……
做什么都行，或者什么都不做。
如果你正好在聊城，
这里一定有你所爱。

住在聊城

有钱就是任性

阿尔卡迪亚国际温泉酒店

地址：聊城市东昌府区湖南路西

电话：0635-5188888

中苑大酒店

地址：聊城市东昌西路 135 号

电话：0635-8428141

昌润大酒店

地址：聊城市昌润北路 116 号

电话：0635-8389088

蓝海景阳冈大酒店

地址：聊城市阳谷县黄山路与博济路交叉口

电话 0635-6056666

最佳西方御润大酒店

地址：聊城市东昌东路 32 号

电话：0635-7108888

精打细算房

人才大厦商务酒店

地址：聊城市东昌东路 66 号

电话：0635-8727777

速 8 酒店聊城建设路店

地址：聊城市建设东路原中通客车厂对过

电话：0635-8267000

东方之星商务宾馆

地址：聊城市经济开发区东昌路与黄山路交叉口向北 500 米

电话：0635-2990999

佐邻佑里会所

地址：聊城市建设路 21 号阿尔卡迪亚小区内

电话：0635-6158888

尚客优快捷酒店（聊城汽车站店）

地址：聊城市建设西路 18 号汽车总站向西 200 米路南

电话：0635-8505999

英皇商务酒店

地址：聊城市经济开发区华山路脑科医院北 80 米路东

电话：0635-7117688

微创如锦快捷酒店

地址：聊城市经济开发区东昌路 54 号路南

电话：0635-6165555

逸林商务酒店

地址：聊城市东昌东路西板桥向西 50 米路北

电话：0635-5050888

阿胶文化酒店

地址：山东省东阿县阿胶街 78 号

电话：0635-3261586；0635-3264002

小资就要小情调

28号音乐酒吧

地址：聊城古楼南200米路东

电话：0635-8799998

上岛咖啡（水城中街店）

地址：水城中街西首路南红日厨卫斜对面

电话：0635-8318666

西西里咖啡书吧

地址：金鼎购物中心地下一楼超市出口对面

电话：0635-8225070

咖啡爱上茶

地址：开发区中华路东昌路交叉路口东北角当代国际商业街

电话：13475713595

Meet More 迷猫咖啡馆

地址：运河南岸铁塔往东500米路南

电话：0635-8201080

CUP' S CAFE 蜜思咖啡

地址：古楼南大街龙堤教堂向南50米路西

电话：0635-8681879

旧时光 coffee

地址：馆驿街26号

电话：15106830777

好久不见咖啡馆

地址：华山路凤凰新城西区樱花园11-3号

电话：13181099972

从前 · 漫咖啡

地址：聊城市东昌府区古楼南大街 35 号

电话：0635-8287786

两岸咖啡

地址： 利民东路徒骇河西邻路南

电话： 0635-8802888

Hello Kitty 凯蒂城堡主题餐厅

地址： 龙堤南首龙堤 1 号摩天轮北上桥下桥路东

电话： 13210457773

烧烤 火锅 驴肉店

义安成鲁菜馆

地址：聊城市东昌府区清孝街 30 号

电话：0635-8229078/ 8228892

运河会馆

地址：聊城市东昌府区聊堂路 1 号

电话：0635-8274490/8274491

临清大酒店

地址：临清市大众路新开街 212 号

电话：0635-2322289

临清市开元山庄

地址：临清市温泉路中段（文化广场西邻）

电话：0635-2312288

福寿宫驴肉火锅聊城店

地址：聊城市东昌府区古楼北 200 米

电话：0635-8278999

福寿宫驴肉火锅东阿店

地址：山东省东阿县环球路东阿阿胶城内仲景路 1 号

电话：0635-3271835

驴肉炖锅

地址：山东省东阿县环球路东阿阿胶城内药王大街 2 号

电话：0635-3263060

东阿驴肉包阿胶街店

地址：山东省东阿县阿胶街阿胶小区北门东侧

电话：0635-3286835

东阿驴肉包阿胶城店

地址：山东省东阿县环球路东阿阿胶城内

电话：0635-3266835

东阿驴肉包广场店

地址：山东省东阿县东阿广场路北口腔医院西侧

电话：0635-3287835

东方肥牛王（利民东路店）

地址：聊城市东昌府区利民东路与花园路交叉口向东 66 米路南（临近利民大药店总店）

电话：0635-2936789/8260066

菌王府火锅店

地址：聊城市东昌府区汇金街与振兴西路交叉口向南 100 米路东（兴华大酒店向北 100 米路东）

电话：0635-5084777

骄龙豆捞（凤凰台店）

地址：聊城市东昌府区北关街 14 号（凤凰台南 200 米路东）

电话：0635-2996616/2996617

电影院

鲁信影城聊城店

地址：聊城市东昌东路 100 号金鼎购物中心五层

电话：0635-8333999

华星国际影城

地址：聊城市柳园北路新东方尚街六楼

电话：0635-2111199

新世纪影城

地址：聊城市柳园北路 99 号

（人民广场南头地下，金鼎商厦西门对过路西）

电话：0635-2999118

聊城影剧院

地址：聊城市柳园南路 98 号

电话：0635-8221681

大地影院 – 聊城振华店

地址：聊城开发区黄山路与东昌路交汇处振华购物中心 4 楼

电话：0635-2933111

中影国际影城

地址：聊城市东昌府区柳园南路振华超市地下一楼

电话：0635-8706667

KTV

海乐迪量贩式 KTV

地址：聊城市利民东路 19 号（刑警三中队对面）

电话： 0635-2947777

糖果盒

地址： 聊城市兴华路市民政局旁

电话： 0635-5083888

中国好声音量贩 KTV

地址：聊城市东昌府区花园路与利民路交叉口往东 50 米路南

电话：0635-8888866

魔方娱乐空间量贩式 KTV

地址：聊城市东昌府区兴华路与花园路交界口东 20 米路南

电话：0635-8375555

好时光 KTV

地址：东昌府区振兴路与柳园路交叉口往南 200 米路西

电话：0635-5088555

后记 POSTSCRIPT

聊城，有水则灵

2015 年，我们创作的山东第一本城市特色文化丛书《济南，杠赛来》受到广泛赞誉，开启了我们与山东 17 城市的奇妙缘分。2016 年，《潍坊，奇好啊》一经面世，就创下了两个月内狂售 8000 册的佳绩。2017 年，《来烟台，做“神仙”》让众多人知道了烟台的好。2018 年伊始，《聊城，有水则灵》就踏尘而来。

2017 年 6 月，我们整个主创团队驻扎聊城。正值夏季，聊城用一场凉爽的大雨迎接了我们，随后便是烈日炎炎。我们便在这样的“水深火热”里，以“东昌东路”为根据地，开启了为期一个多月的采访拍摄创作。

成书不易，上下求索。我们每天奔波在聊城的大街小巷里，沿着京杭大运河来来回回找，围着东昌湖一圈一圈转，敲开了古城里每一处房间的门，走遍了聊城的每一个县（市、区）。我们听政府职能部门的人说，听文史专家说，听民俗专家说，听非物质文化遗产传承人说，听外地人说，也听偶然遇到的聊城人说……大大的聊城地图上画满了圈圈，厚厚的笔记本上写得密密麻麻，我们的疑问都一一找到了答案，于是便成了书中优美的文字和精彩的图片。

哦，原来你是这样的聊城！江北水城，运河古都！水是你的魂，赋予了你像南方城市一样的灵性，京杭大运河则成就了你400余年的繁华。你有众多古迹，隆兴寺铁塔、光岳楼、山陕会馆、临清钞关、海源阁等不胜枚举。你有绚丽多彩的文化，是著名的杂技艺术之乡、京剧艺术之乡、民间剪纸艺术之乡和民间书画艺术之乡。你名人辈出，有辅佐商汤的贤相伊尹、杰出的军事家孙膑、射书救聊的义士鲁仲连、文史医乐全能型人才吕才、清代第一位状元傅以渐……你是吃货的天堂，各县（市、区）都有特色小吃美食，让人来了就流连忘返。

在本书创作过程中，我们获得了很多真诚的帮助。感谢山东省人民政府新闻办公室、中共聊城市委宣传部、中共聊城市委对外宣传办公室（聊城市人民政府新闻办公室）、聊城市文广新局、中共东昌府区区委宣传部、中共临清市委宣传部、中共冠县县委宣传部、中共莘县县委宣传部、中共阳谷县委宣传部、中共东阿县委宣传部、中共茌平县委宣传部、中共高唐县委宣传部、经济开发区党工委宣传办、高新技术开发区党工委宣传办、旅游度假区精神文明办公室等党政部门及领导给予我们的充分肯定和大力支持，感谢聊城市摄影家协会、聊城市艺术摄影协会诸位摄影家为我们提供的优美图片和艺术创意，感谢陈昆麟先生、郑民德先生等为我们提供的宝贵意见及优秀稿件。是你们的帮助，让这本书的内容更加丰富、专业、有趣，让我们结识了这座充满灵性的城市，也结识了一群善良、智慧、勤劳的聊城人。

不管你生活在聊城，还是路过聊城，或者从未来过聊城，希望你与《聊城，有水则灵》有缘相遇，感受到这座城市的古老与活力，温情与可爱。愿它能承载我们对聊城共同的记忆。

江北水城 运河古都

图书在版编目（C I P）数据

聊城，有水则灵 /《聊城，有水则灵》编委会编著
. -- 济南：山东友谊出版社，2017.12
ISBN 978-7-5516-1572-3

Ⅰ. ①聊… Ⅱ. ①聊… Ⅲ. ①地方文化－聊城 Ⅳ.
①G127.523

中国版本图书馆CIP数据核字（2017）第319081号

LIAOCHENG YOU SHUI ZE LING

聊城，有水则灵

主管单位：山东出版传媒股份有限公司
出版发行：山东友谊出版社
地　　址：济南市英雄山路189号　　邮编：250002
电　　话：出版管理部（0531）82098756
　　　　　市场营销部（0531）82098035（传真）
印　　刷：青岛海蓝印刷有限责任公司
版　　次：2018年1月第1版
印　　次：2018年1月第1次印刷
规　　格：140mm×170mm
开　　本：1/32
印　　张：9.5
字　　数：300千字
定　　价：58.00元